les nouveaux maîtres de l'architecture

bâtiments & espaces publics, résidences privées

les nouveaux maîtres de l'architecture

bâtiments & espaces publics, résidences privées

ÉDITIONS
PLACE DES
VICTOIRES

© 2010, Éditions Place des Victoires
6, rue du Mail – 75002 Paris,
pour la présente édition.
www.victoires.com

ISBN : 978-2-8099-0100-9
Dépôt légal : 3ᵉ trimestre 2010
Imprimé en Chine

Projet éditorial :
2010 © LOFT Publications
Via Laietana, 32, 4°, Of. 92
08003 Barcelone, Espagne
Tél. : +34 932 688 088
Fax : +34 932 687 073
loft@loftpublications.com
www.loftpublications.com

Coordination éditoriale :
Simone K. Schleifer

Assistante éditoriale :
Aitana Lleonart

Textes :
Àlex Sánchez Vidiella

Direction artistique :
Mireia Casanovas Soley

Coordination maquette et mise en pages :
Claudia Martínez Alonso

Mise en pages :
Anabel N. Quintana

Traductions :
Equipo de edicion, Barcelone (anglais, allemand et néerlandais),
Sophie Léchauguette pour la traduction française.

Photographie de couverture :
Bitterbredt

LOFT détient tous les droits afférents aux documents présentés dans cet ouvrage et a respecté les droits des auteurs et des photographes concernés. LOFT affirme n'avoir violé aucun droit et respecté la loi, concernant notamment les droits d'auteur et autres droits concernés. Cet ouvrage ne présente aucun contenu obscène ou diffamatoire.
La reproduction partielle ou totale de cet ouvrage sans autorisation des éditeurs consisterait en une violation des droits réservés ; toute utilisation doit faire l'objet d'une demande préalable.
Toutes les démarches nécessaires ont été conduites afin d'identifier et de contacter les détenteurs de copyrights et leurs ayants droit. Toute erreur ou omission sera corrigée en cas de réimpression.

Introduction	9

ÁLVARO SIZA	10
Centre météorologique de Catalogne	12
Musée d'art contemporain Serralves	14
Centre sportif Ribera-Serrallo	16
Cave Adega Mayor	18
EDUARDO SOUTO DE MOURA	20
Stade municipal de Braga	22
Bureaux et centre commercial Burgo	24
House 2	26
Centre d'art contemporain de Bragança	28
UNSTUDIO	30
Musée Mercedes-Benz	32
Villa NM	34
Théâtre Agora	36
Centre commercial Star Place	38
DANIEL LIBESKIND	40
The Wohl Center	42
Extension du Denver Art Museum	44
Westside Shopping Centre	46
Contemporary Jewish Museum	48
JOHN PORTMAN & ASSOCIATES	50
Hôtel Westin	52
Hôtel Marriott Tomorrow Square	54
Taj Wellington Mews	56
Siège de la société Renaissance	58
Yintai Centre	60
KENGO KUMA & ASSOCIATES	62
Boutique LVHM	64
Chokkura Plaza	66
Hôtel de ville de Yusuhara	68
Immeuble de bureaux Z58	70
Musée d'art Suntory	72

ARCHITECTENBUREAU PAUL DE RUITER	74
Bureau régional de l'eau et des transports	76
Parking boulevard Veranda	78
Villa Röling	80
Centre culturel Bijlmer	82
THAM & VIDEGÅRD ARKITEKTER	84
Villa Karlsson	86
Villa K	88
Maison double Nora	90
Villa Archipel	92
Musée d'art de Kalmar	94
A-CERO ESTUDIO DE ARQUITECTURA Y DISEÑO	96
Résidence à Pozuelo	98
Lotissement de 88 maisons	100
Résidence à Madrid	102
Résidence 147	104
Le Cœur de l'Europe	106
MASSIMILIANO FUKSAS	108
Parc des Expositions de Milan	110
Centre de recherches et auditorium Nardini	112
Centre commercial Etnapolis	114
Zénith de Strasbourg	116
The Peres Peace House	118
GEHRY PARTNERS	120
The Richard B. Fisher Center for the Performing Arts	122
Walt Disney Concert Hall	124
Hôtel Marqués de Riscal	126
RICHARD MEIER & PARTNERS, ARCHITECTS	128
Performing Arts Center	130
Avery Fisher Hall, Lincoln Center	132

STEVEN HOLL ARCHITECTS	134
Higgins Hall Insertion, Pratt Institute	136
Hôtel Loisium	138
Complexe Linked Hybrid	140
GMP – VON GERKAN, MARG UND PARTNER	142
Stade de football RheinEnergie	144
Gare centrale-Lehrter Bahnhof	146
Centre culturel Zhongguancun	148
Villa Guna	150
Église chrétienne	152
Hôtel Marriott	154
MARIO BOTTA ARCHITETTO	156
Église de Santo Volto	158
Cave Petra	160
Tours Kyobo	162
Spa Tschuggen Bergoase	164
ASYMPTOTE	166
Pavillons d'art contemporain Guggenheim	168
Tours 190 Váci	170
Tour Strata	172
Penang Global City Center	174
Busan World Business Center	176
BERNARD TSCHUMI ARCHITECTS	178
UCAC Athletic Center	180
Blue Residencial Tower	182
Nouveau Musée de l'Acropole	184
Centre financier des Amériques	186
DPA-DOMINIQUE PERRAULT ARCHITECTURE	188
Parking Émile-Durkheim	190
Immeuble de bureaux	192
Théâtre Mariinsky II	194
ATELIERS JEAN NOUVEL	196
Quartier des Halles	198
Tour Agbar	200
Musée du quai Branly	202
ATELIER CHRISTIAN DE PORTZAMPARC	204
Siège du journal *Le Monde*	206
Tour Granite	208
Hôtel Renaissance Paris Arc de Triomphe	210
LANDSKAP DESIGN	212
Festplassen	214
Musikteater	216
WEST 8 URBAN DESIGN & LANDSCAPE ARCHITECTURE	218
Kanaaleiland	220
The Twist	222
Chiswick Park	224
Parc de Leidsche Rijn	226
NIP PAYSAGE ARCHITECTES PAYSAGISTES	228
Jardin Flore laurentienne	230
Toiture Impluvium	232
Jardin Virage vert	234
Cour d'école Cour Bleue	236
Cour intérieure Danse en Ligne	238
THORBJÖRN ANDERSSON/SWECO	240
Rénovation du quartier d'Holmens Bruk	242
Dania Park	244
Sandgrund Park	246
PAOLO L. BÜRGI	248
Le Sentier de bambou	250
La Passerelle panoramique	252
Hafenplatz	254

Introduction

Les architectes présentés dans cet ouvrage ont été choisis pour le rôle important que jouent leurs constructions récentes sur les plans culturel, politique et social. Leurs réalisations sont devenues de véritables icônes dans le panorama architectural tant mondial que local grâce à l'emploi de matériaux innovants qui leur confèrent un aspect original.

Ces créateurs se sont imposés parce qu'ils ont imaginé des édifices où le contexte, la technologie et la représentativité s'inscrivent dans un équilibre entre l'esthétique, le fonctionnel et le structurel. Les nouvelles constructions doivent s'intégrer dans le tissu urbain préexistant et créer un lien avec le public. Pour ce faire, ces architectes font appel à des technologies écologiques novatrices pour construire des bâtiments respectueux du milieu ambiant et améliorant les conditions de vie de leurs usagers. Leur point commun est de savoir élaborer des projets instaurant un véritable dialogue entre l'architecture, les paysages et la société.

ÁLVARO SIZA
Matosinhos, Portugal, 1933

siza@mail.telepac.pt

© Álvaro Siza Arquiteto

Après des études à l'École supérieure des beaux-arts de Porto, il débute sa carrière d'architecte auprès de Fernando Távora qui prônait une architecture à la fois moderne et traditionnelle, puisant aux sources de l'architecture locale blanche et dépouillée. La reconstruction du Chiado à Lisbonne établit sa notoriété. Des réalisations comme l'école d'architecture de Porto, le centre galicien d'Art contemporain de Saint-Jacques-de-Compostelle, le pavillon du Portugal à l'Exposition universelle de 1998, l'église de Marco de Canaveses lui apporteront une renommée internationale. Il construit alors dans de nombreux pays à l'étranger dont la France. Depuis 1976, il enseigne à l'École d'architecture de Porto, à l'école polytechnique de Lausanne, à Bogota, à Harvard… Sa carrière lui a valu de nombreuses récompenses dont le fameux Pritzker Price (1992), le Lion d'Or de Venise (2002), ou encore la médaille d'or du Royal Institute of British Architects (2009).

Il donne lui-même l'un des concepts définissant le mieux son travail lorsqu'il déclare « sculpter les bâtiments au bord de l'excès, revenant sans cesse au fonctionnalisme comme à un garde fou ». Admirateur des œuvres de Alvar Aalto, d'Adolf Loos, et de Frank Lloyd Wright, il exprime une extrême sensibilité au paysage, à la topographie, comme dans sa première réalisation (1958-1963), le Boa Nova, un salon de thé en bord de mer qui s'intègre parfaitement dans le paysage rocheux. Ses constructions se caractérisent par une symbiose entre l'environnement naturel et culturel, par un style mêlant éléments rationalistes et organiques et par une grande délicatesse dans le détail, à la fois moderne et traditionnel.

Centre météorologique de Catalogne

Barcelone, Espagne / 1990-1992 / © Rui Morais de Sousa

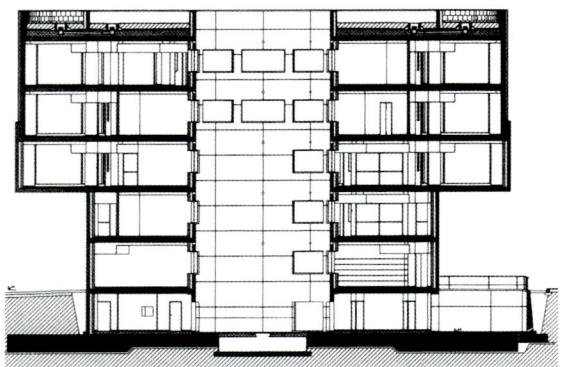

Vue en coupe 1　　　　　　　　　　　　Vue en coupe 2

Musée d'art contemporain Serralves
Porto, Portugal / 1991-1999 / © Rui Morais de Sousa

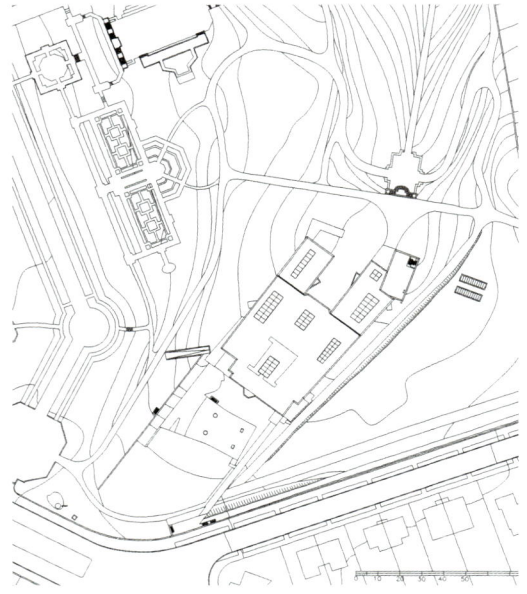

Plan du site

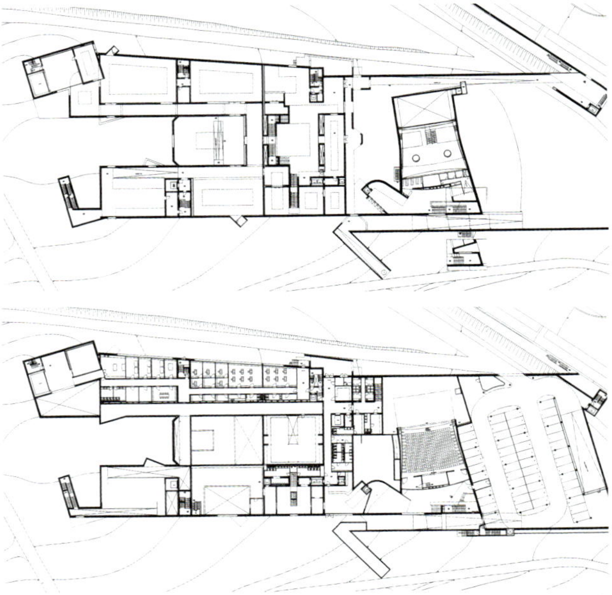

Plans du rez-de-chaussée et du premier niveau

15

Centre sportif Ribera-Serrallo

Cornellà de Llobregat, Espagne / 2003-2005 / © FG + SG Arquitectura

Plan du site

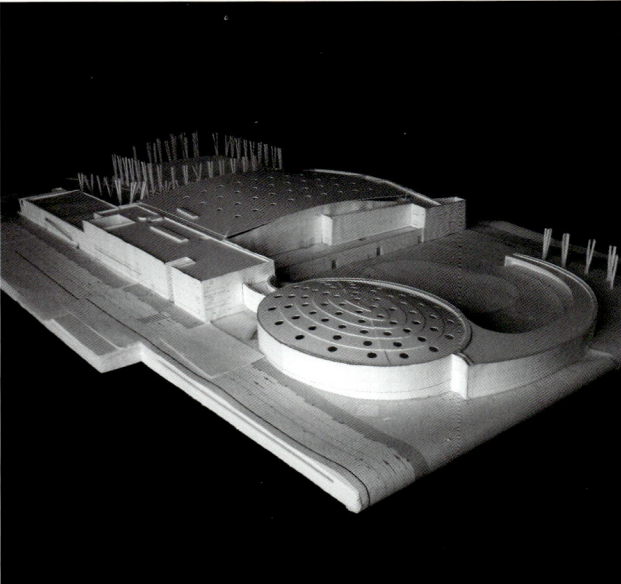

Maquette

Cave Adega Mayor

Herdade das Argamassas, Portugal / 2003-2006 / © Duccio Malagamba

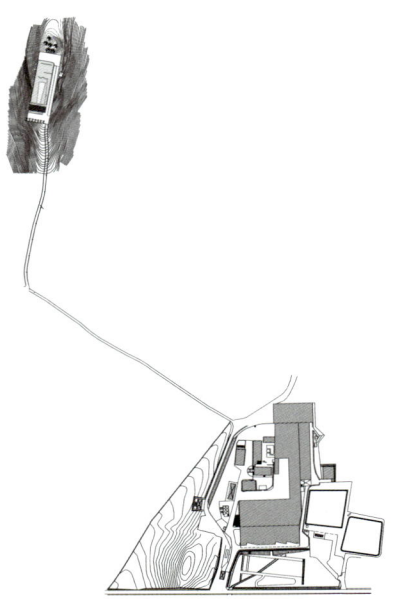

Plan du site

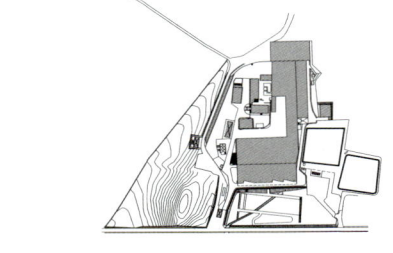

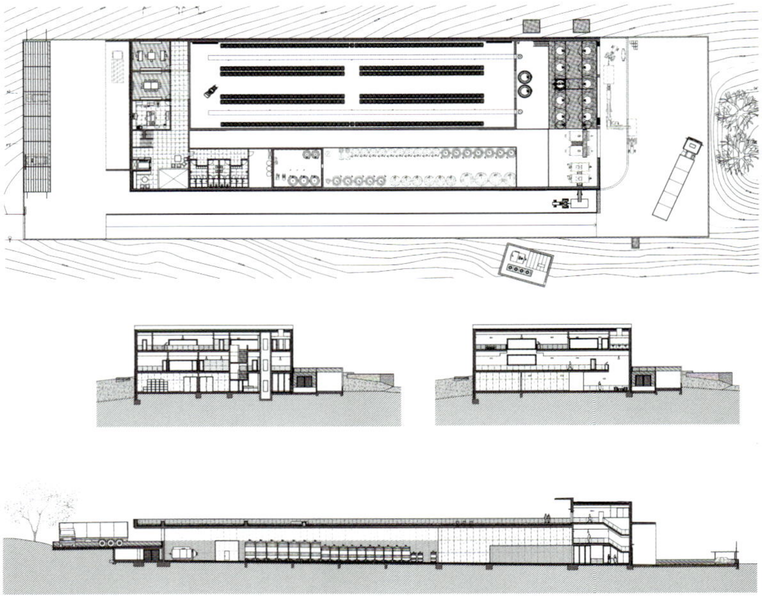

Plan au sol et vues en coupe

EDUARDO SOUTO DE MOURA
Porto, Portugal, 1952

souto.moura@mail.telepac.pt

© Luis Ferreira Alves

L'architecte Eduardo Souto de Moura est considéré comme l'héritier et le successeur des maîtres portugais Álvaro Siza – avec qui il concevra plusieurs réalisations dont le pavillon du Portugal pour l'Exposition universelle de 1998, à Lisbonne – et Fernando Távora. Diplômé en architecture à l'École supérieure des beaux-arts de Porto, il est invité à enseigner dans de nombreuses universités européennes. Depuis les années 1970, il emprunte une voie plus personnelle. Il a créé notamment toute une série de maisons largement inspirées de Mies van der Rohe. Aujourd'hui, ses projets changent d'échelle et transcrivent un langage plus sculptural. Son œuvre a été distinguée par de nombreuses récompenses internationales prestigieuses.

Selon Eduardo Souto de Moura, la création architecturale doit rechercher « un vide à combler, un négatif dont l'opposé serait le bâtiment, le positif ». Il la définit comme une « architecture authentique ». Son but est de créer en fonction du lieu pour le redéfinir. Parmi ses œuvres les plus importantes, il faut citer la House 2 de Maia, un logement adapté à la pente ; le stade municipal de Braga, un terrain de football dont l'originalité est d'être inséré dans une immense carrière de granit ; la spectaculaire tour de bureaux de Burgo, ou encore le Centre d'Art Contemporain de Bragança, remarquable agrandissement d'un bâtiment du XVIIIe siècle. L'utilisation avisée et rigoureuse de matériaux comme la pierre, le verre, le béton, le bois et l'acier caractérise son travail. Il crée un lien étroit avec la nature et le paysage et porte au moindre détail une grande attention. Dans ses œuvres les plus récentes, c'est la simplicité élémentaire de la construction qui prime. On peut parler à son propos d'architecture minimaliste.

STADE MUNICIPAL
Braga, Portugal / 2000-2003 / © Luis Ferreira Alves

Plan du site

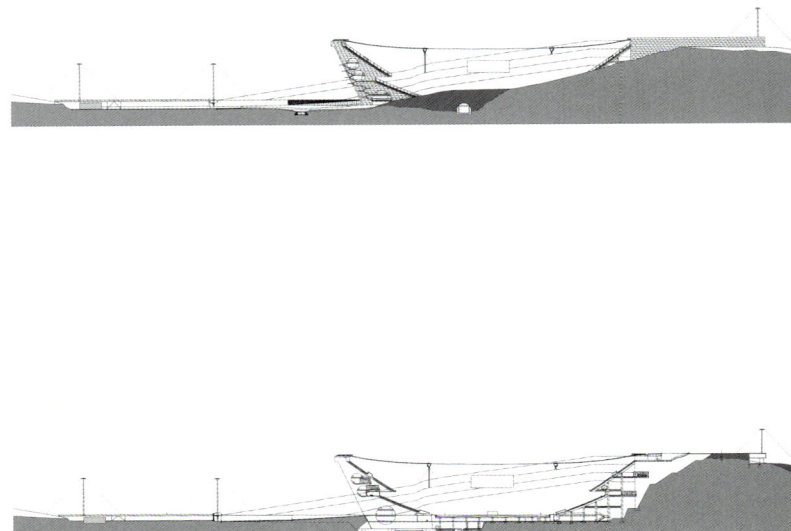

Vues en coupe

23

Bureaux et centre commercial Burgo
Porto, Portugal / 1990-2006 / © Luis Ferreira Alves

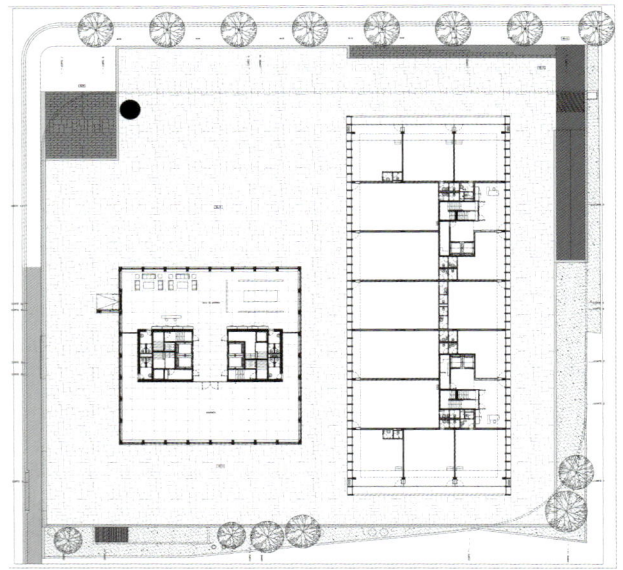

Plan au sol

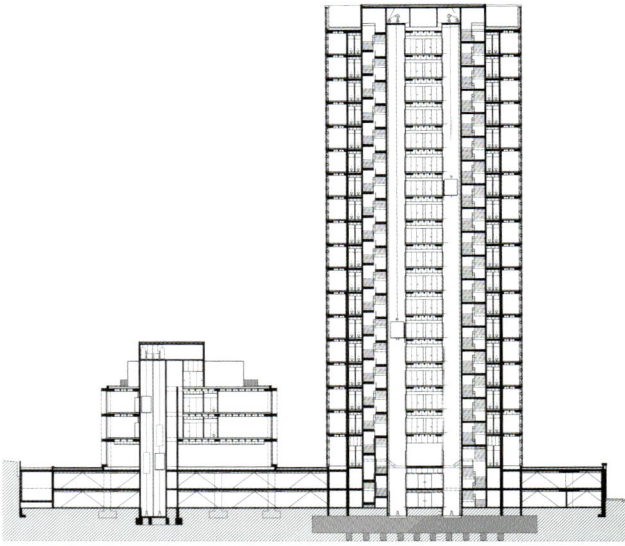

Vue en coupe

House 2

Maia, Portugal / 1996-2008 / © Luis Ferreira Alves

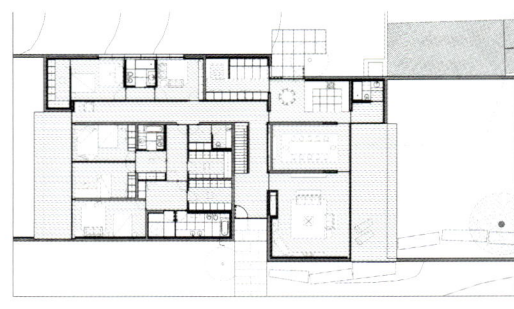
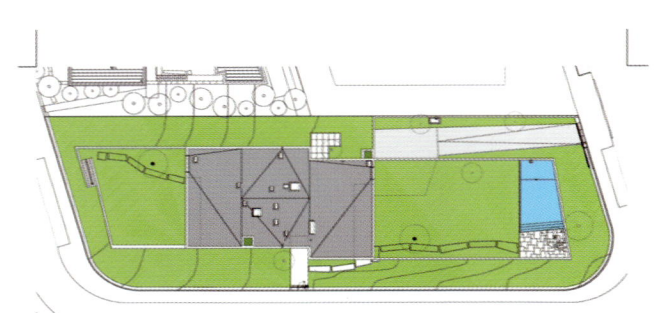
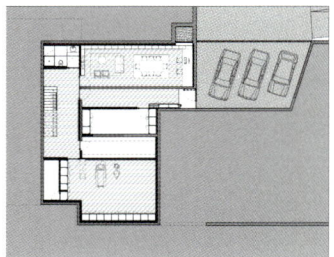

Plan du site

Plans du sous-sol et du rez-de-chaussée

UNSTUDIO
Ben van Berkel (Utrecht, Pays-Bas, 1957)
Caroline Bos (Rotterdam, Pays-Bas, 1959)

www.unstudio.com
© Peter Guenzel

UNStudio (UN pour *United Network*) est fondé en 1999 par les architectes Caroline Bos et Ben van Berkel. Ce nom fait référence à l'esprit collaboratif des membres de ce bureau, qui proviennent du monde entier, de disciplines très différentes et ont de vastes connaissances techniques dans les domaines de l'architecture et de l'urbanisme. Ils ont reçu plusieurs récompenses prestigieuses et ont été plusieurs fois nominés pour le prix Mies van der Rohe.

Un des principaux objectifs de UNStudio est de satisfaire les désirs de ses clients en y incorporant des données à la fois économiques, sociales et politiques, tout en respectant le milieu ambiant. Ses membres ont imaginé des projets modernes et stylés, comme le musée Mercedes-Benz, un espace organique destiné à abriter l'histoire de la marque ; avec une ossature en béton recouverte d'une peau de verre et d'aluminium, il se compose de deux circuits en spirale qui s'entrecroisent autour d'un atrium, sur neuf étages. La Villa NM, composée de deux boîtes rectangulaires qui se superposent, est une maison de vacances adaptée à la pente du terrain ; sa caractéristique réside dans ses parois, qui en pivotant peuvent basculer et devenir des sols. Le Théâtre Agora aux murs en acier et verre, à facettes multiples, aux angles aigus, de forme sculpturale rouge, orange et jaune, dont la conception veut que les arts de la scène et les nouveaux médias s'intègrent parfaitement. Et le Star Place Kaohsiung, avec sa spectaculaire façade incurvée transparente et ouverte, qui agit comme un écran solaire et protège des intempéries.

Musée Mercedes-Benz
Stuttgart, Allemagne / 2001-2006 / © Christian Richters

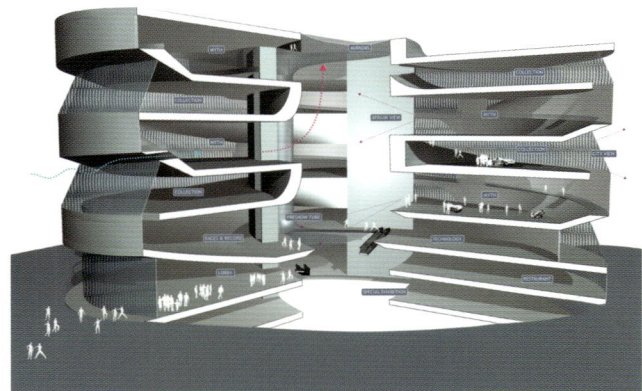

Vue en coupe du bâtiment modélisé

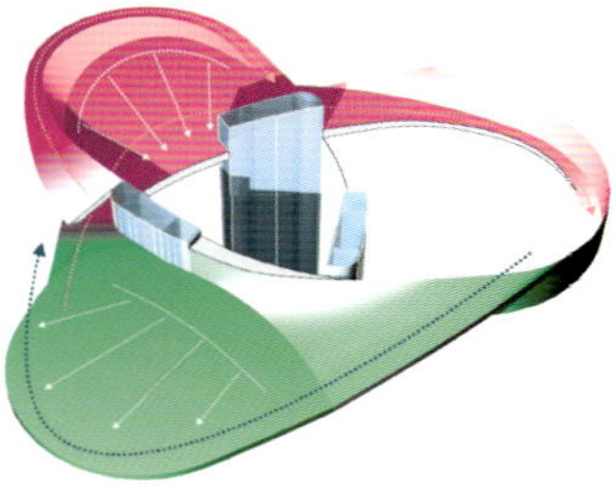

Perspective du plan au sol

Théâtre Agora

Lelystad, Pays-Bas / 2002-2007 / © Christian Richters

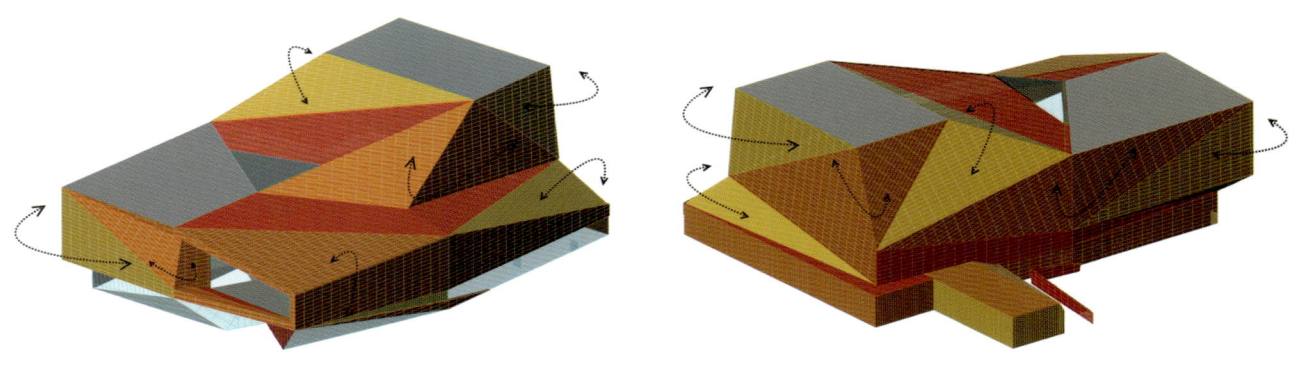

Vues axonométriques du bâtiment

Façade du centre commercial Star Place

Kaohsiung, Taiwan / 2006-2008 / © Christian Richters

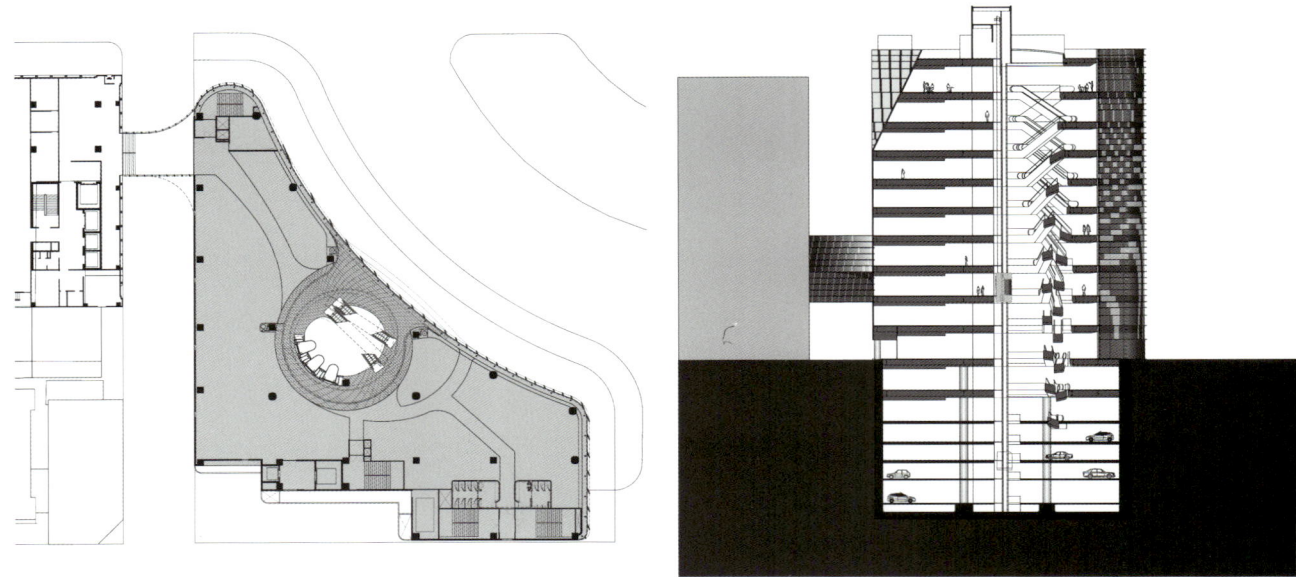

Plan du site   Vue en coupe

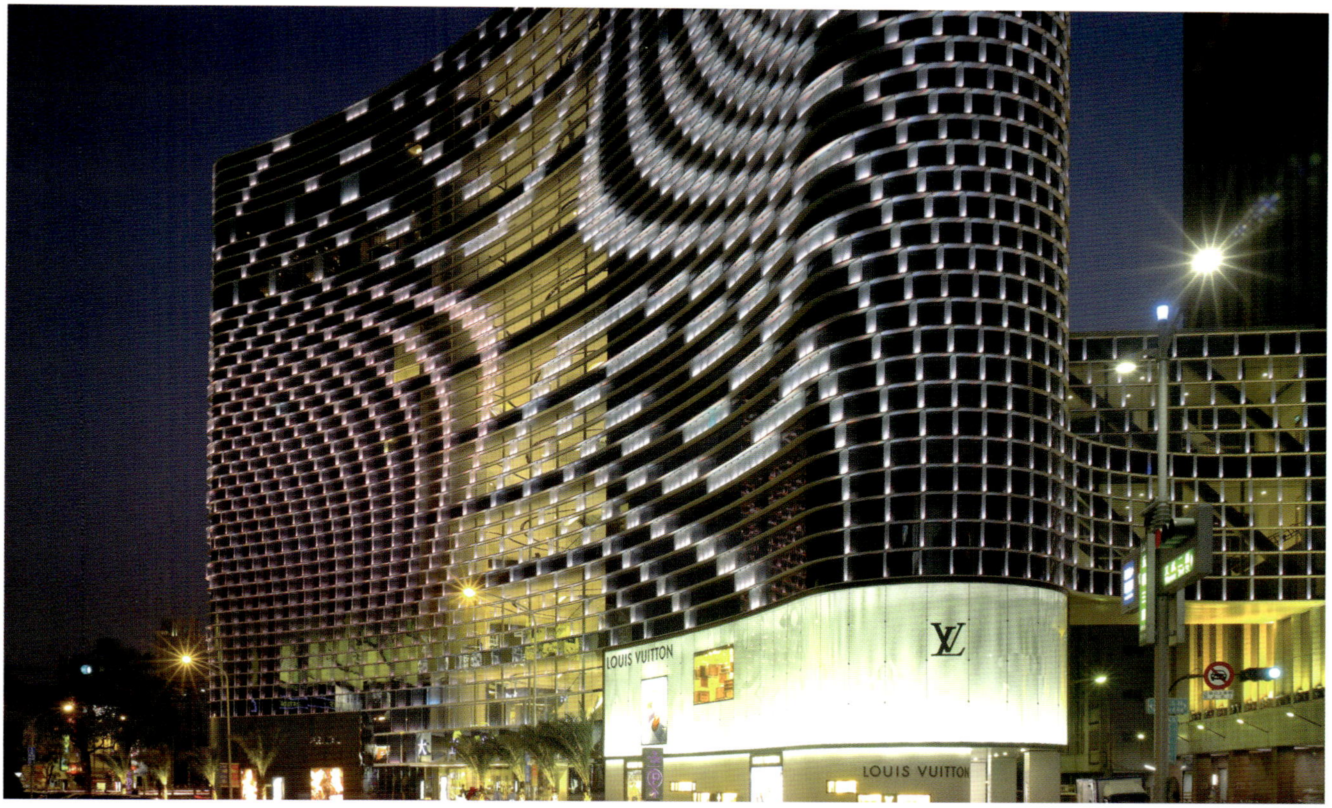
LOUIS VUITTON
LOUIS VUITTON

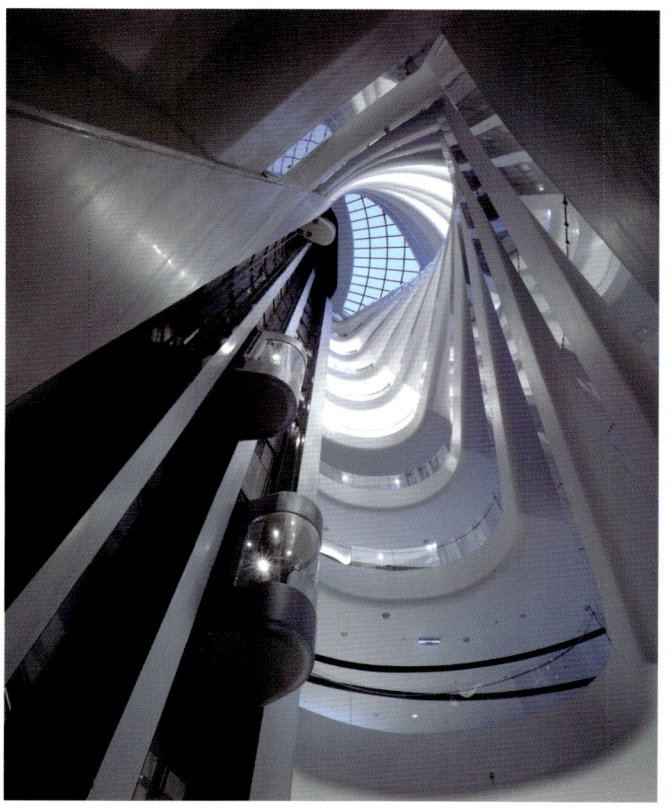

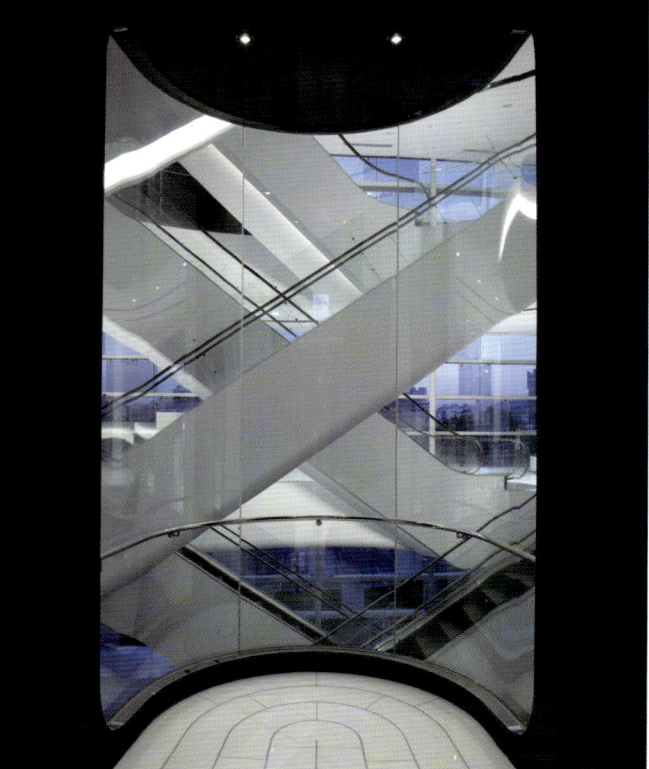

DANIEL LIBESKIND
Lódz, Pologne, 1946

www.daniel-libeskind.com
© Studio Daniel Libeskind

Daniel Libeskind, architecte américain né en Pologne, était musicien avant de se consacrer à l'architecture. Il étudie à la Cooper Union School de New York, puis à l'Université d'Essex. En 1985, il gagne le premier prix Leone di Petra à la Biennale de Venise, puis le Deutsche Architekturpreis en 1999, la Médaille Goethe pour la Contribution Culturelle en 2000 et le Hiroshima Art Prize en 2001. Il crée sa propre agence, le Studio Daniel Libeskind, à Berlin. Il a enseigné à l'université de Pennsylvanie, à Yale et à Los Angeles ainsi que dans le monde entier. Ses travaux sont exposés dans les musées les plus prestigieux et font l'objet de publications internationales.

Sa production se caractérise par l'approche pluridisciplinaire avec laquelle il aborde les projets et par leur implantation dans le tissu urbain. Citons parmi ses réalisations particulièrement remarquables le Musée juif de Berlin, un bâtiment chargé d'un symbolisme tragique que l'architecte a traduit par le traitement des façades plusieurs fois brisées, comme par des éclairs, par des espaces intérieurs oppressants et un parcours souvent labyrinthique ; le Contemporary Jewish Museum de San Francisco, une ancienne centrale électrique reconvertie, à la façade de brique et de pierre, à laquelle l'architecte a ajouté un bâtiment monolithique recouvert de plaques métalliques bleu sombre aux reflets changeants et percés de fenêtres ; le Denver Art Museum, dont l'extension est construite en pierre locale et titane ; le Westside Shopping Centre, implanté sur une autoroute, et bien desservi par les transports en commun, dont la façade en panneaux de bois, aux formes triangulaires, est une véritable révolution dans la conception du centre commercial et de loisirs. Son projet « Memory Foundations » a été choisi pour la reconstruction du site du World Trade Center. Avec son projet, il souhaite à la fois symboliser le devoir du souvenir en préservant le site dans le sous-sol et l'espoir en l'avenir en érigeant une tour en flèche (Freedom Tower) de plus de 541 mètres de haut.

The Wohl Center
Ramat-Gan, Israël / 2005 / © Bitterbredt

Croquis

EXTENSION DU DENVER ART MUSEUM
Denver, Colorado, États-Unis / 2007 / © Bitterbredt

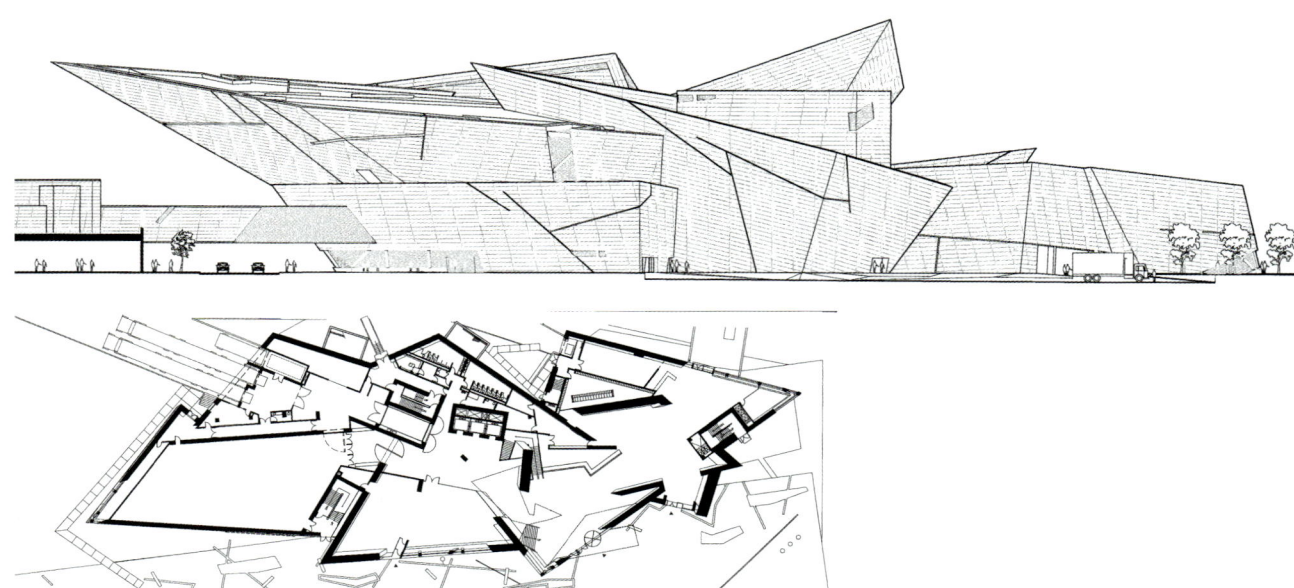

Élévation et plan du second niveau

45

WESTSIDE SHOPPING CENTRE
Berne, Suisse / 2008 / © Bitterbredt

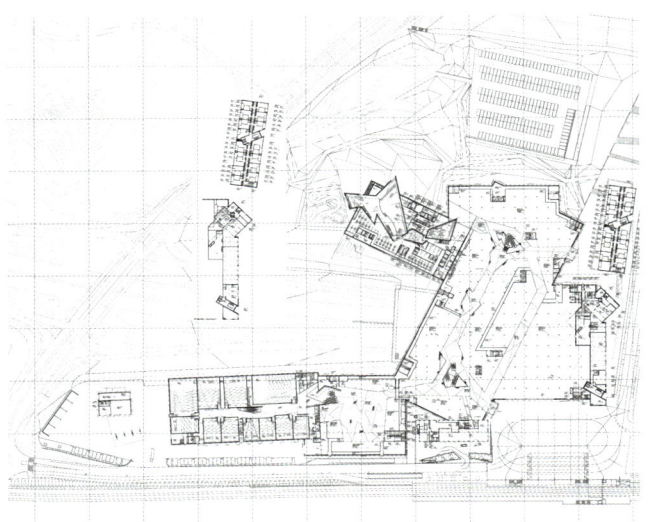

Plan du site

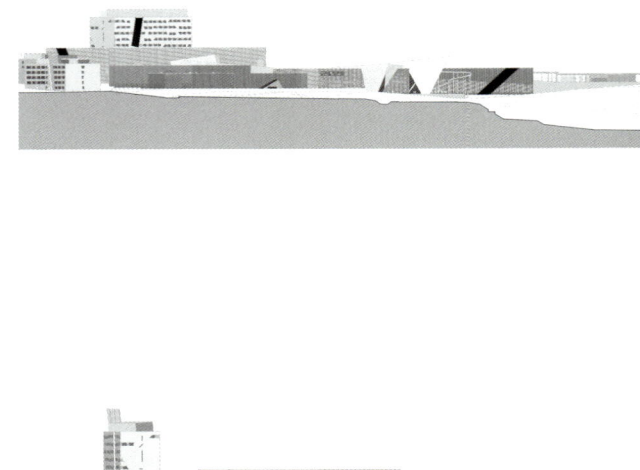

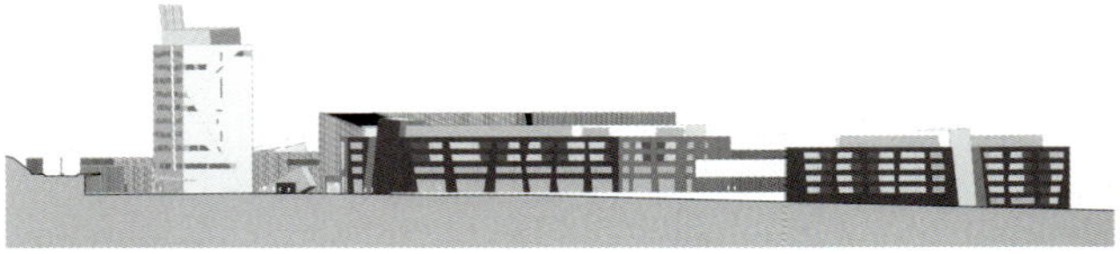

Élévations

orell füssli
www.books.ch

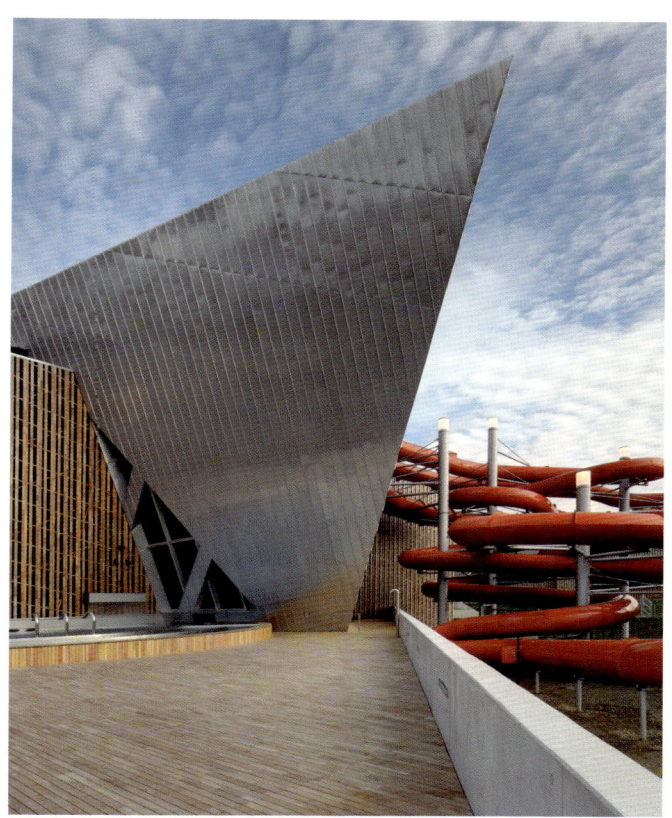

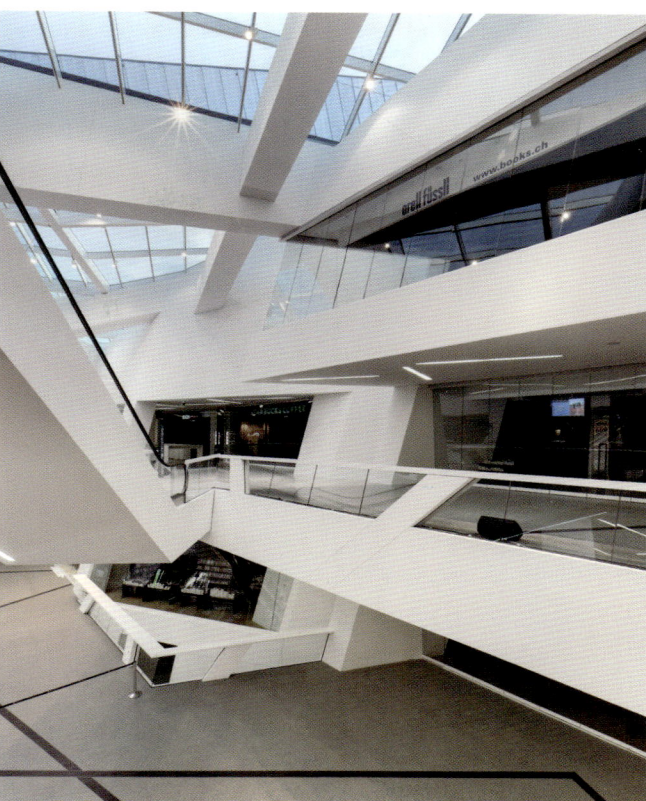

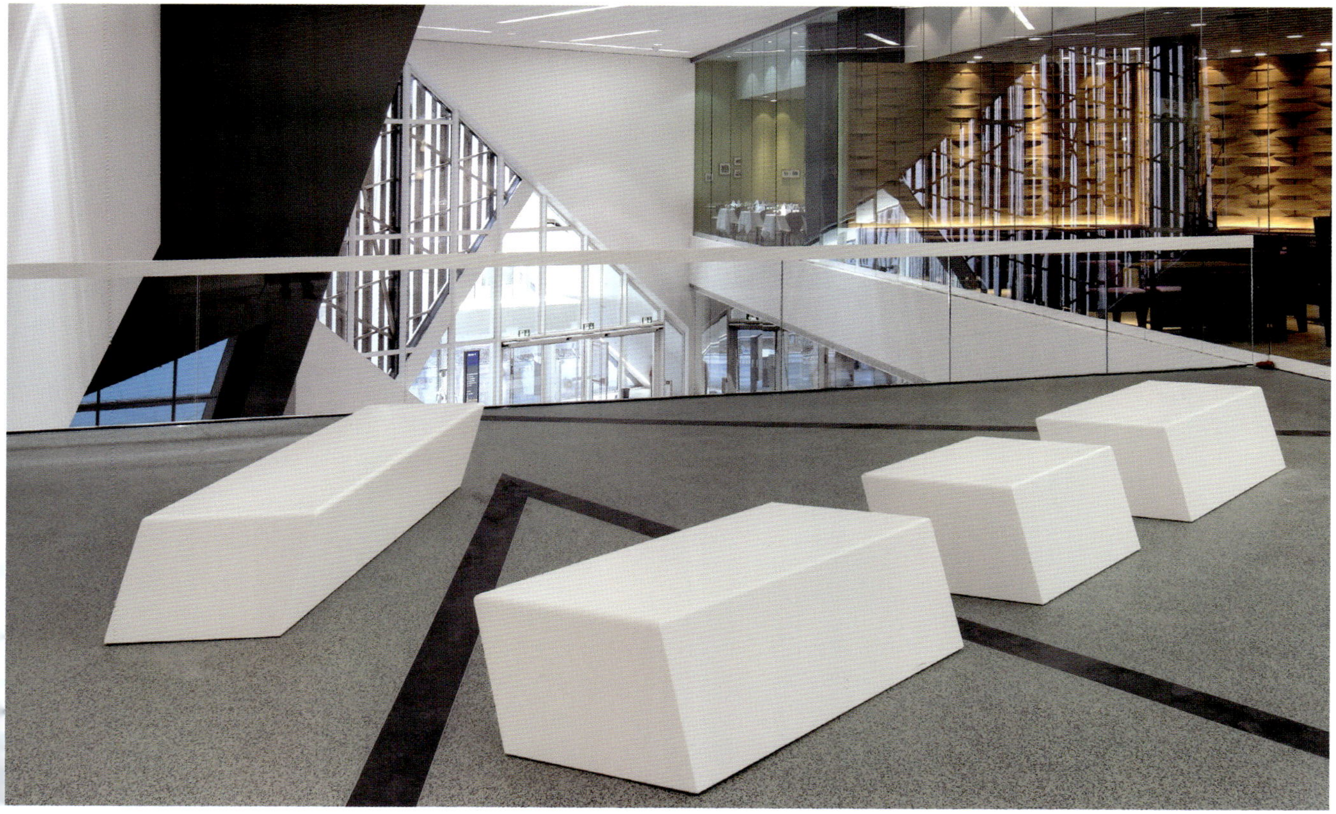

Contemporary Jewish Museum

San Francisco, Californie, États-Unis / 2008 / © Bitterbredt

Croquis

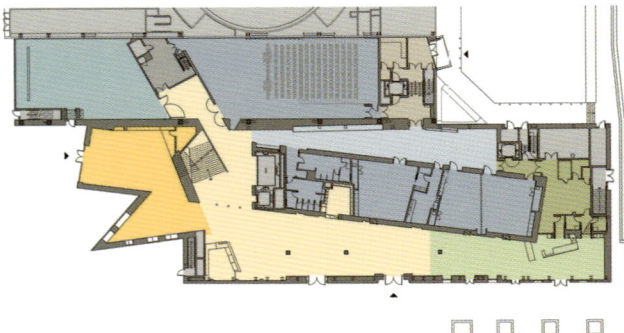
Plan au sol

JOHN PORTMAN & ASSOCIATES
Walhalla, Caroline du Sud, États-Unis, 1924

www.portmanusa.com
© HFN

Natif d'Atlanta, fils unique parmi cinq filles, John Portman développe très tôt son esprit d'entrepreneur. Adolescent, il vend des journaux dans les rues. Un cours de dessin technique le fascine et il se passionne pour l'architecture dès l'âge de 15 ans. Trois ans seulement après avoir obtenu son diplôme de l'Institut de Technologie de Georgie (1950), il ouvre son agence dans sa ville natale à laquelle il est très attaché. Il participera d'ailleurs à sa transformation, en créant plusieurs bâtiments emblématiques. Il se spécialise dans la réalisation d'édifices très vastes (hôtels et centres commerciaux principalement). Ses plans d'hôtels comprenant des atriums spectaculaires autour desquels s'ouvrent les étages supérieurs lui ont valu un rapide succès. Il a notamment reçu la médaille de l'AIA et le diplôme du Urban Land Institute.

L'innovation en matière d'architecture hôtelière, la beauté de ses immeubles et la revitalisation de quartiers défavorisés caractérisent son œuvre. Pour lui, le bâtiment idéal fonctionne comme une unité organique, l'architecture devant prendre en compte tous les aspects de la vie. Visionnaire quant au rôle croissant de l'Asie, il ouvre une agence à Hong Kong dès 1980. Parmi ses plus remarquables réalisations, il faut citer le Westin Warsaw Hotel, hôtel de Varsovie au cachet inimitable ; la Tomorrow Square Marriott, svelte tour futuriste ; le Taj Wellington Mews, à la façade curvilinéaire en aluminium ; le Renaissance Schaumburg, qui réunit un hôtel, un palais des congrès et un auditorium conique, et le Beijing Yintai Centre, un complexe polyvalent reconnaissable à sa haute tour centrale.

HÔTEL WESTIN
Varsovie, Pologne / 2003 / © Jaime Ardilles-Arce, Michael Portman

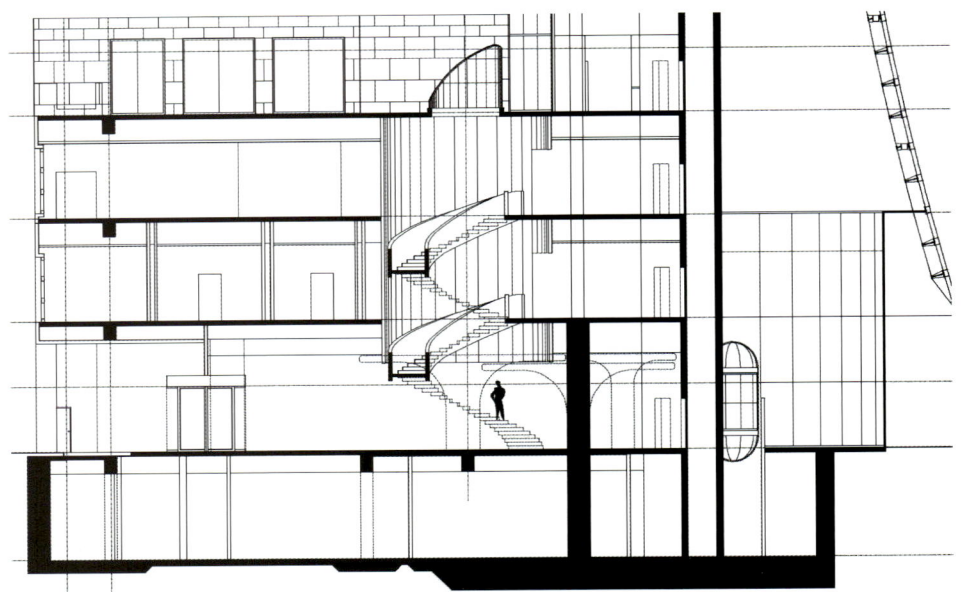

Vue en coupe partielle

Hôtel Marriott Tomorrow Square

Shanghaï, Chine / 2003 / © Michael Portman/JW Marriott

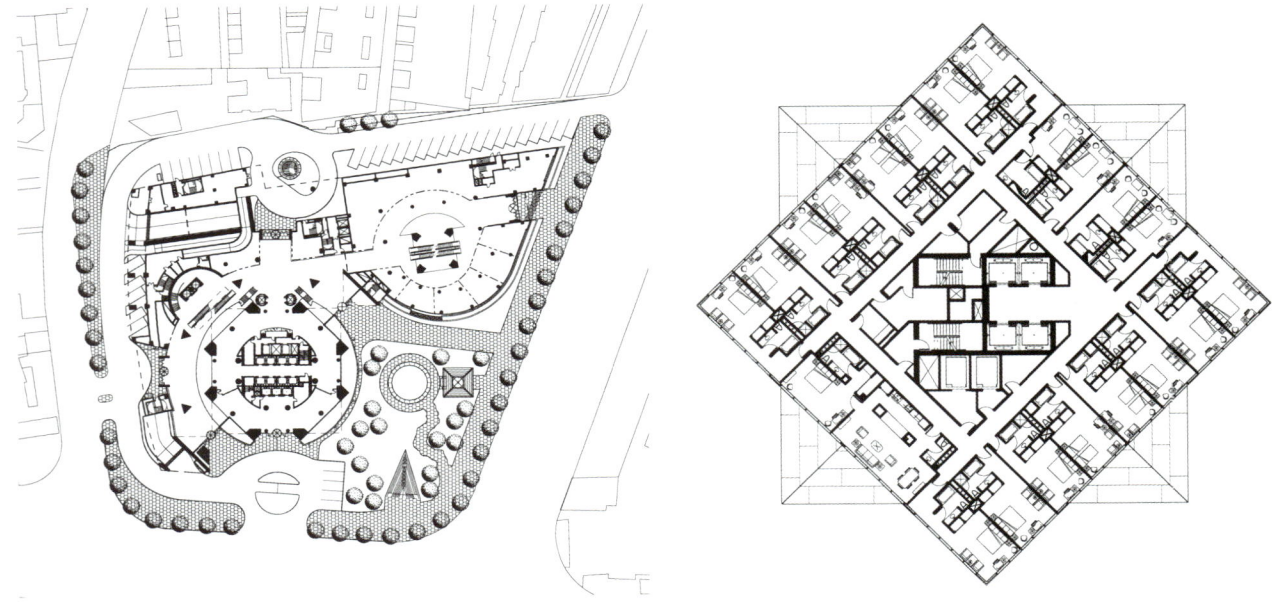

Plan du site   Plan d'étage de la tour

Taj Wellington Mews

Mumbai, Inde / 2005 / © John Portman & Associates, Taj Hotels Resorts & Palaces

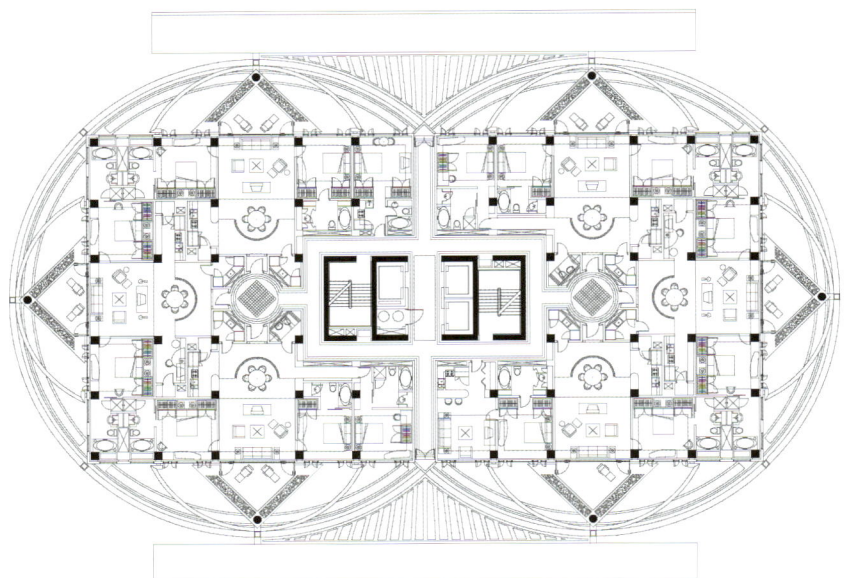

Plan d'un étage

Vue en coupe

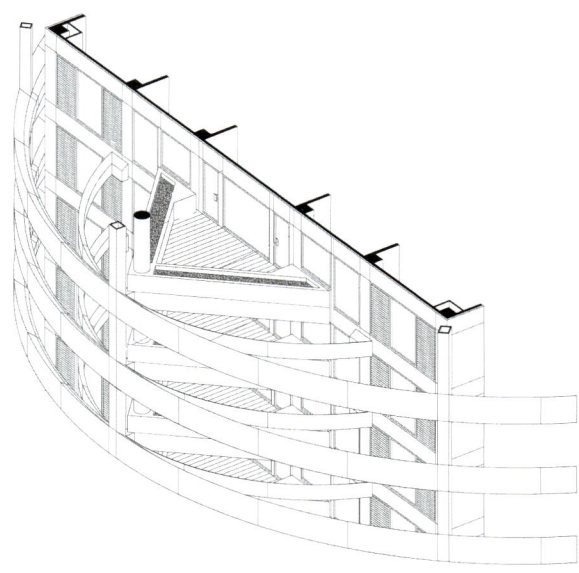

Détail de la façade

Siège de la société Renaissance
Schaumburg, Illinois, États-Unis / 2006 / © Michael Portman

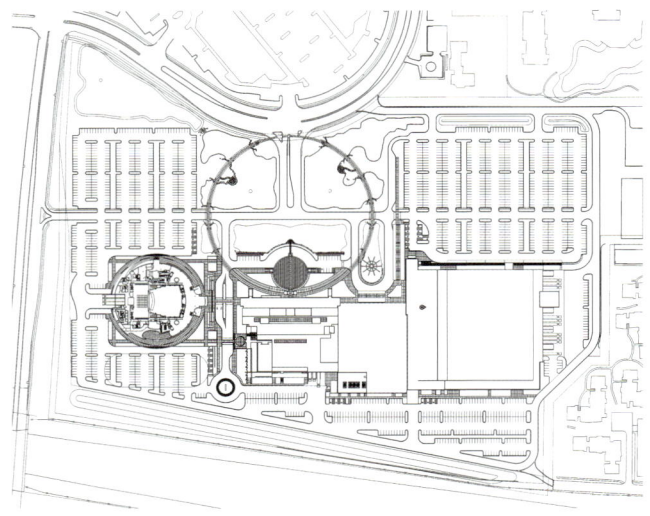

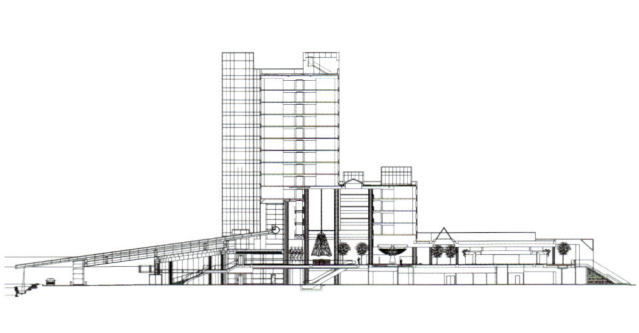

Plan du site

Vue en coupe

Yintai Centre

Beijing, Chine / 2008 / © Beijing Yintai Centre, Park Hyatt Beijing

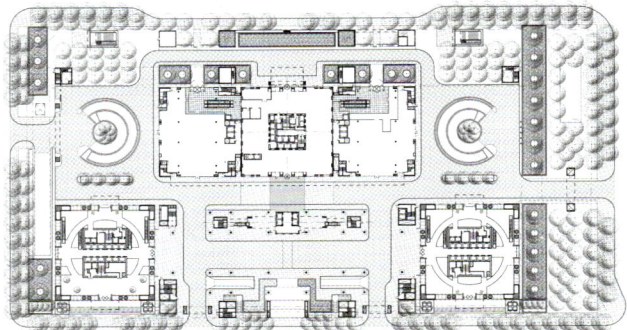

Plan au sol

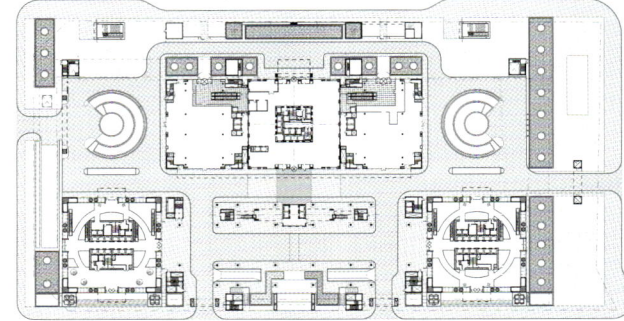

Plan d'un étage

KENGO KUMA & ASSOCIATES
Kanazawa, Japon, 1954

www.kkaa.co.jp
© dbox

Kengo Kuma suit des études d'architecte et d'ingénieur à l'Université de Tokyo (1979). Il complète son cursus à l'Université de Columbia (1985-1986). De retour au Japon, il ouvre d'abord une agence de design, puis un cabinet d'architecte. Il enseigne l'architecture à la Faculté d'études environnementales de l'Université de Keio dont il est professeur émérite. Il a reçu de nombreuses récompenses comme le Detail Prize en 2007 et le prix AIA DuPont Benedictus en 1997. On le considère aujourd'hui sur la scène internationale comme un des plus grands architectes japonais.

Entre Orient et Occident, il fait un grand usage des matériaux les plus simples : pierre, bois, bambou. Il aime à réactualiser des techniques traditionnelles, pour se fondre dans l'environnement. « Je veux effacer l'architecture, c'est ce que j'ai toujours voulu faire et il est improbable que je change jamais d'avis », aime-t-il à répéter. Ses œuvres s'imposent par leurs façades qui interpellent et par l'attention portée à la nature. Parmi ses réalisations phares : la boutique LVHM d'Osaka, caisse lumineuse à la façade revêtue de plaque d'onyx du Pakistan ; le Plaza de Chokkura, espace d'exposition réalisé en pierre locale ; l'hôtel de ville de Yusuhara, mairie construite en cèdre japonais ; le Z58 et sa façade en jardin, et le Musée d'art Suntory, avec ses intérieurs domestiques traditionnels. Il a été choisi pour dessiner la Cité des Arts et de la Culture de Besançon.

Boutique LVHM

Fukushima, Fukushima-ku, Osaka, Japon / 2004 / © Daici Ano

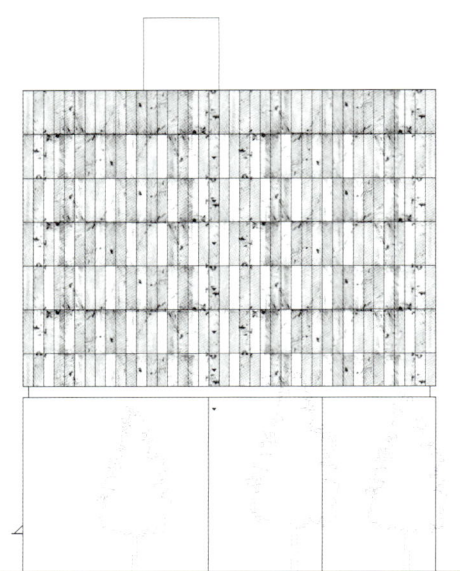

Vue de face

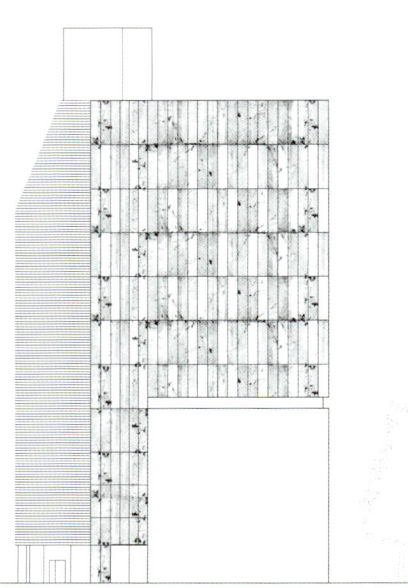

Vue de côté

Chokkura Plaza
Takanezawa, Shioya-gun, Tochigi, Japon / 2006 / © Daici Ano

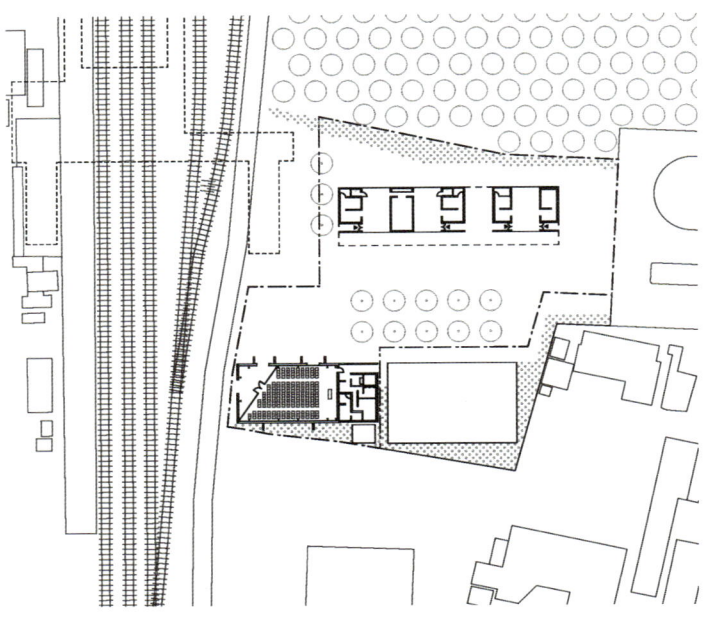

Plan au sol

Hôtel de ville de Yusuhara

Yusuhara, Takaoka, Kochi, Japon / 2006 / © Mitsumasa Fujitsuka

69

Immeuble de bureaux Z58

Shanghaï, Chine / 2006 / © Mitsumasa Fujitsuka

71

Musée d'art Suntory
Akasaka, Minato-ku, Tokyo, Japon / 2007 / © Mitsumasa Fujitsuka

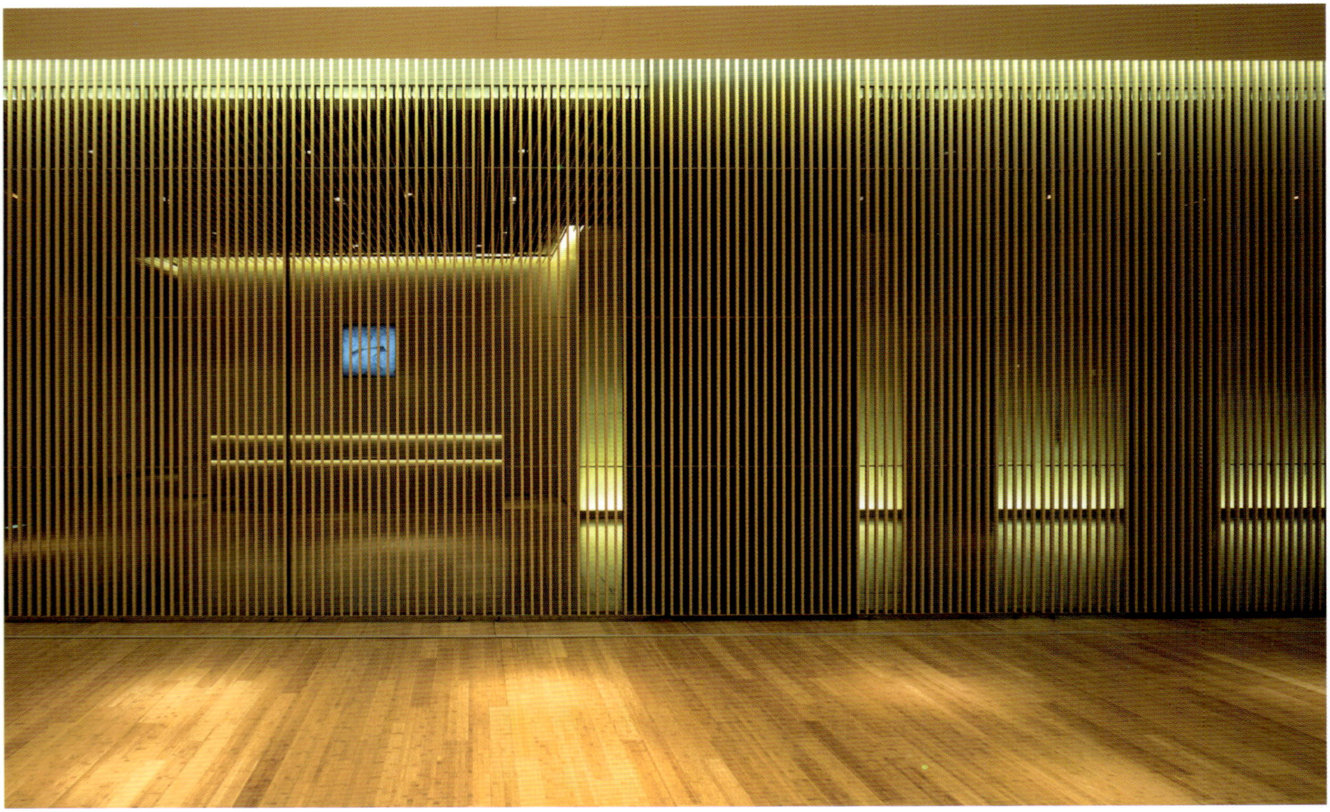

73

ARCHITECTENBUREAU PAUL DE RUITER
Rhenen, Pays-Bas, 1962

www.paulderuiter.nl
© Studio Voorhuis

Diplômé avec les félicitations du jury de l'Institut Universitaire Technologique de Delft en 1990, il collabore avec les plus grands cabinets d'architecture du Canada, d'Australie et des Pays-Bas. En 1994, il fonde son propre cabinet à Amsterdam. Depuis, l'agence a aussi ouvert une antenne à Beijing. Paul de Ruiter est aujourd'hui président de la fondation Living Daylights et enseigne dans plusieurs Instituts Universitaires Technologiques dans son pays.

La philosophie de son bureau est de proposer des immeubles et des villes où les habitants se sentent bien et en sécurité. Il s'efforce de favoriser la convivialité et d'intégrer les édifices dans les paysages qui les entourent. Le milieu et la viabilité économique des projets sont au cœur de sa réflexion. Tout comme l'attention portée au développement durable (orientation par rapport au soleil, panneaux solaires, récupération de la chaleur du sol, etc.). Les bureaux du Rijkswaterstaat, aux façades de cristal ; le parking du boulevard Veranda, aux dimensions et à la hauteur prédéfinies par le plan d'urbanisme ; la Villa Röling, aux vastes baies vitrées, et le centre culturel Bijlmer, espace polyvalent de forme ellipsoïdale, sont des exemples d'architecture durable.

Bureau régional de l'eau et des transports (Rijkswaterstaat)

Middelburg, Pays-Bas / 2003-2004 / © Pieter Kers, Rob 't Hart

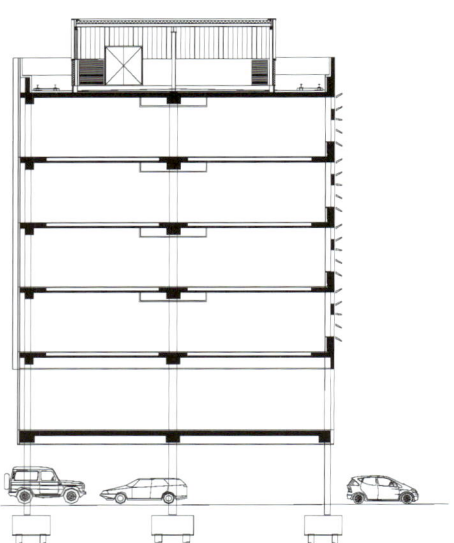
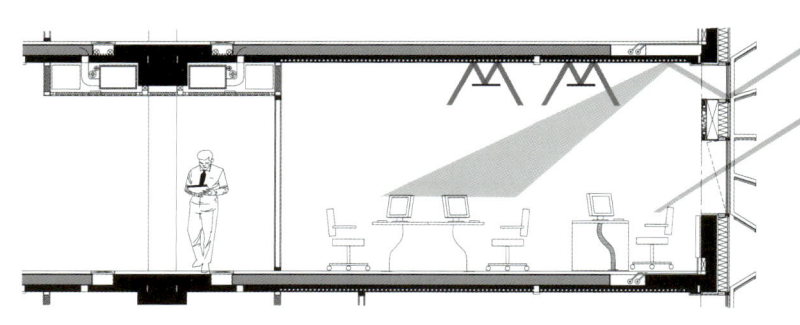

Vue en coupe du bâtiment   Vue en coupe d'un étage

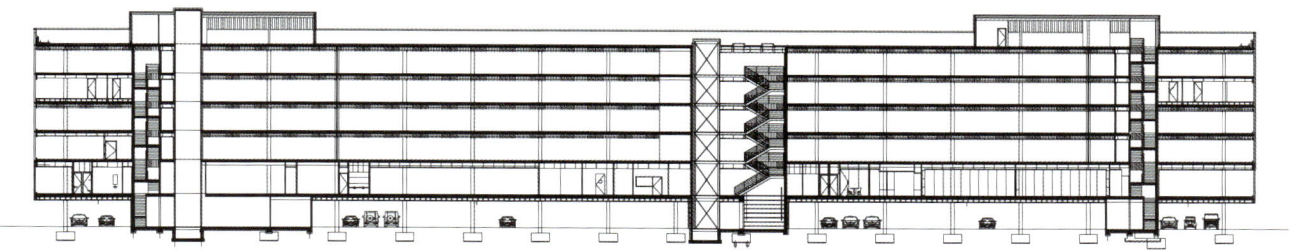

Vue en coupe du bâtiment dans toute sa longueur

Parking boulevard Veranda

Rotterdam, Pays-Bas / 2003-2005 / © Rien van Rijthoven

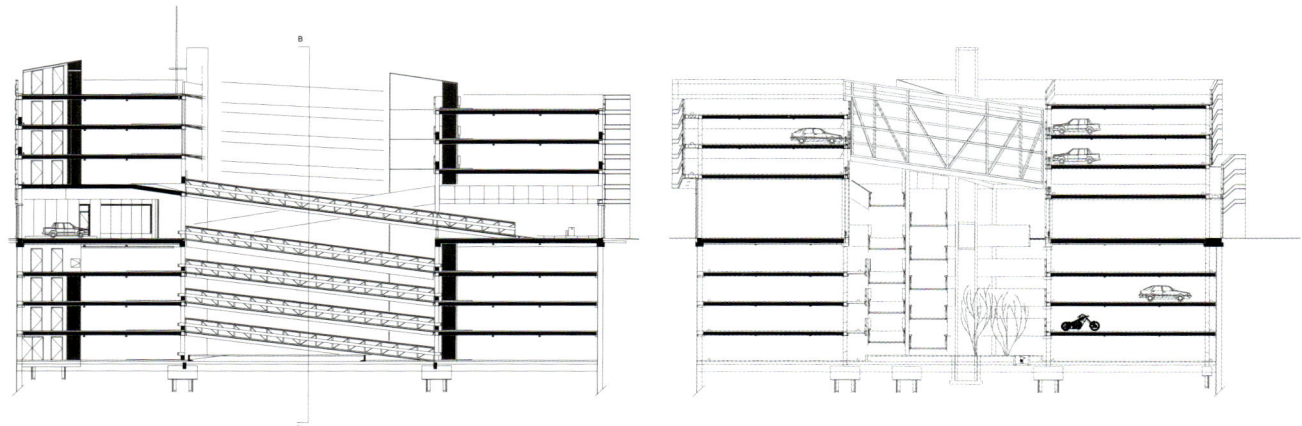

Vues en coupe du bâtiment

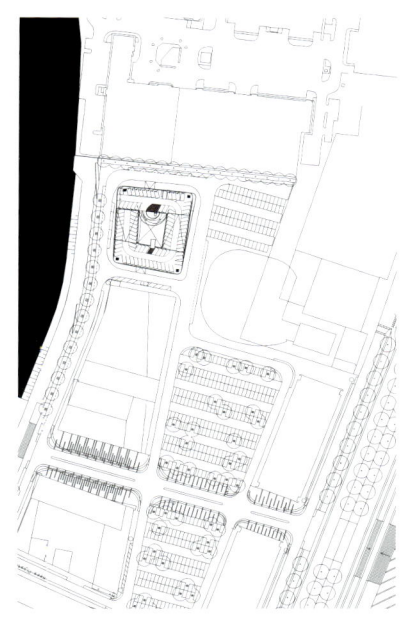 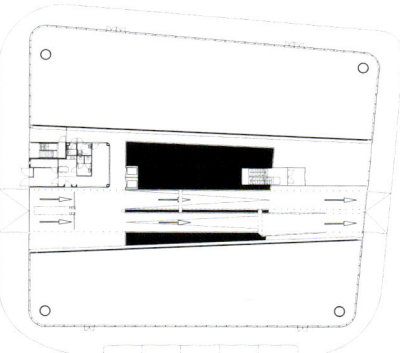 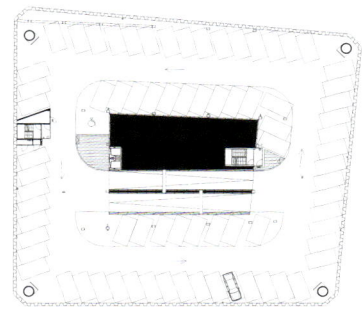

Plan du site   Plan au sol   Plan d'un étage

Villa Röling
Kudelstaart, Pays-Bas / 2006-2008 / © Pieter Kers

Centre culturel Bijlmer

Amsterdam, Pays-Bas / 2007-2009 / © Architectenbureau Paul de Ruiter

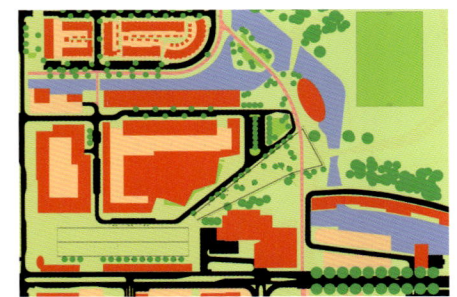
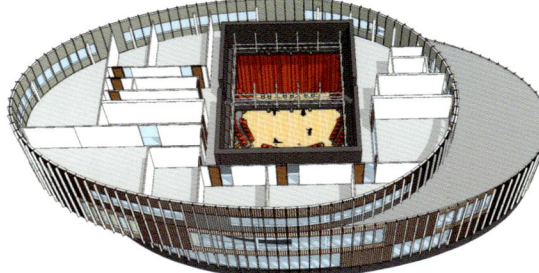
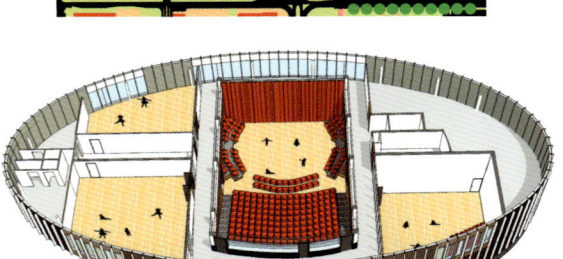
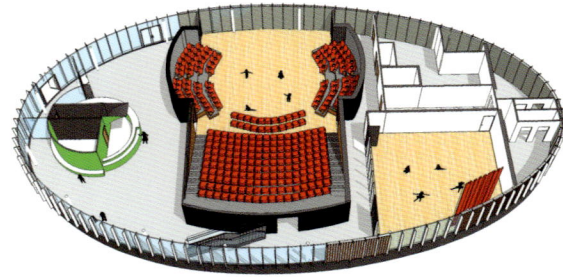

Plan du site et vues axonométriques

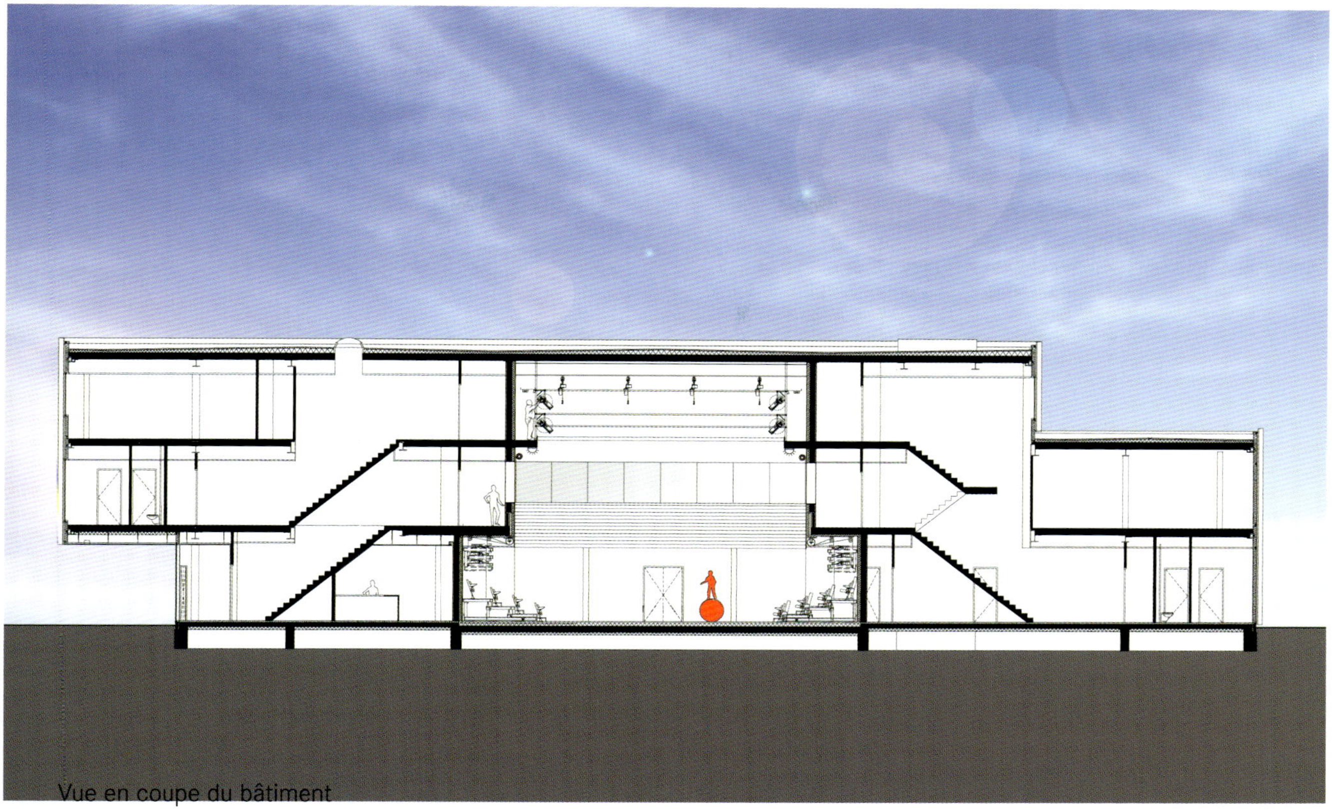

Vue en coupe du bâtiment

THAM & VIDEGÅRD ARKITEKTER
Bolle Tham (Stockholm, Suède, 1970)
Martin Videgård Hansson (Stockholm, Suède, 1968)

www.tvh.se

© Tham & Videgård Hansson Arkitekter

Les Suédois Bolle Tham et Martin Videgård Hansson ouvrent leur cabinet en 1999, à Stockholm, dans le but d'offrir une alternative progressiste et contemporaine dans le domaine de l'architecture. Ils collectionnent les distinctions internationales, dont le prix Helgo (2008), et ont été nominés pour plusieurs autres prix de renommée internationale. Pour eux, l'éducation fait partie intégrante de la pratique architecturale. Ils donnent des cours d'architecture en Suède comme à l'étranger.

Le principal objectif de ce bureau est la création d'une architecture différente pour satisfaire une clientèle privée et institutionnelle. Les formes ovales et cubiques se retrouvent dans plusieurs de leurs créations, tout comme le choix de grandes fenêtres, permettant une communication visuelle entre intérieur et extérieur. Ils jouent sur l'apparence, doublant fréquemment les façades de leurs créations d'une seconde « peau ». Logements, édifices publics (écoles, musées), bureaux et commerces, mais aussi design intérieur et scénographie constituent le cœur de leurs activités. Particulièrement remarquables, le musée d'art de Malmö, un cube orange sans fenêtre, en métal perforé ; la villa Karlsson, de forme traditionnelle ; la villa K, avec ses façades habillées de panneaux noirs ; la maison double Nora, un cube gris percé de très larges baies vitrées encadrées de bois ; la villa Archipel, un parallélépipède en zig-zag de bois noir et de verre ; le musée d'art de Kalmar, un cube noir sur quatre étages ; ou encore le bel ovale de la nouvelle École d'architecture de Stockholm.

Villa Karlsson

Stockholm, Suède / 2000-2002 / © Åke E'son Lindman

Vue en coupe

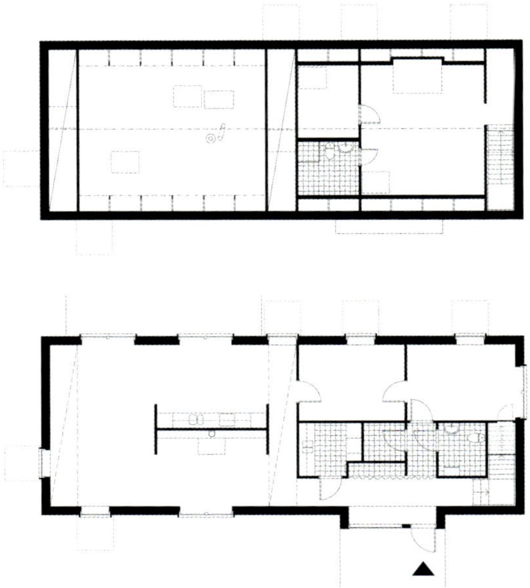

Plans du premier étage et du rez-de-chaussée

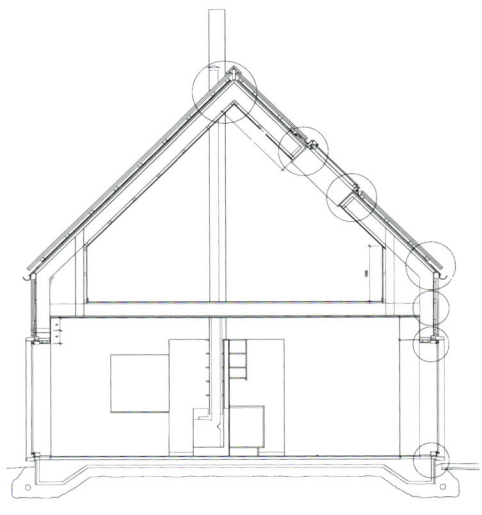

Villa K
Stocksund, Suède / 2004-2005 / © Åke E'son Lindman

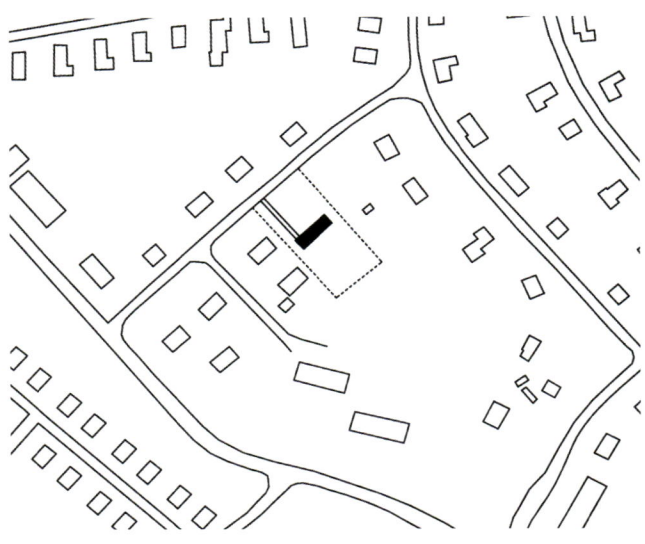

Plan du site

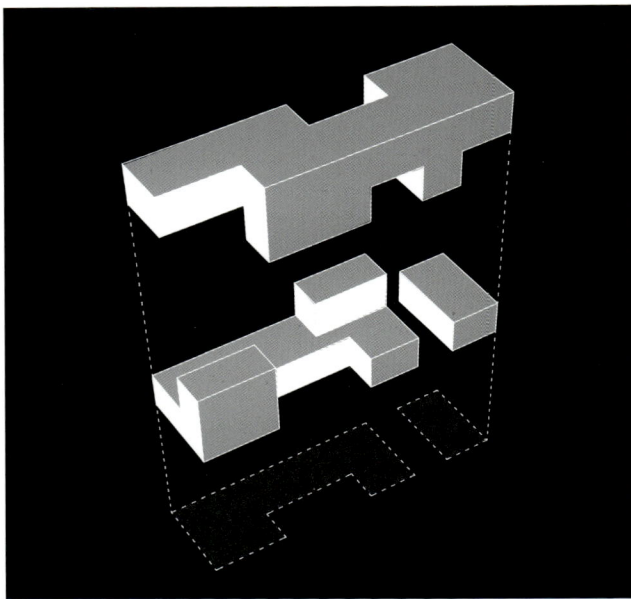

Vue axonométrique

Maison double Nora

Danderyd, Suède / 2004-2005 / © Åke E'son Lindman

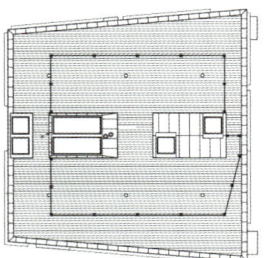
Plan du toit

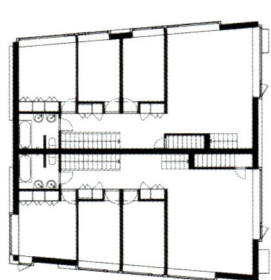
Plan du premier étage

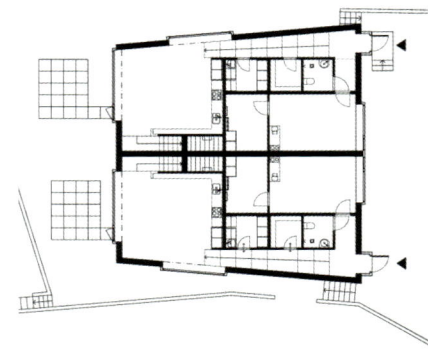
Plan du rez-de-chaussée

91

Villa Archipel

Archipel de Stockholm, Suède / 2003-2006 / © Åke E'son Lindman

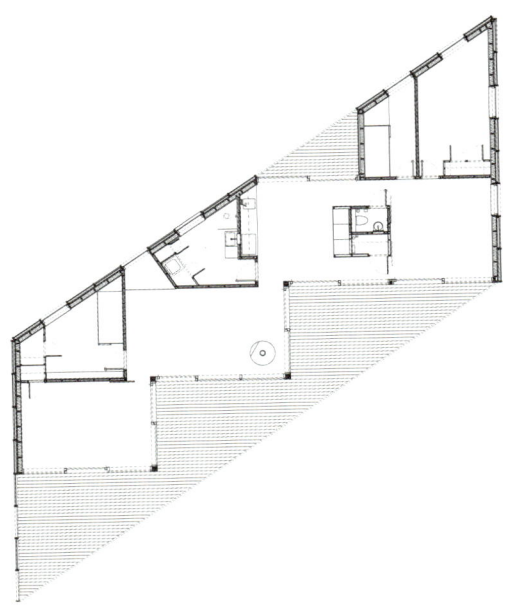

Plan au sol

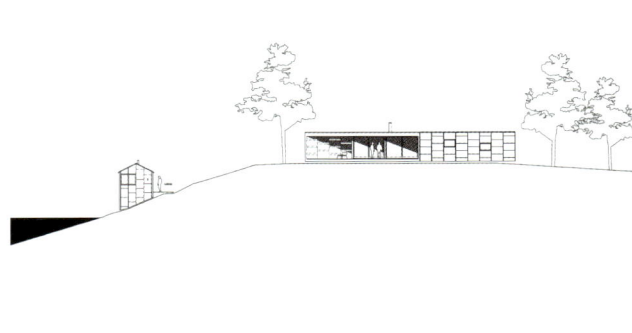

Élévation

Musée d'art de Kalmar

Kalmar, Suède / 2004-2008 / © Åke E'son Lindman

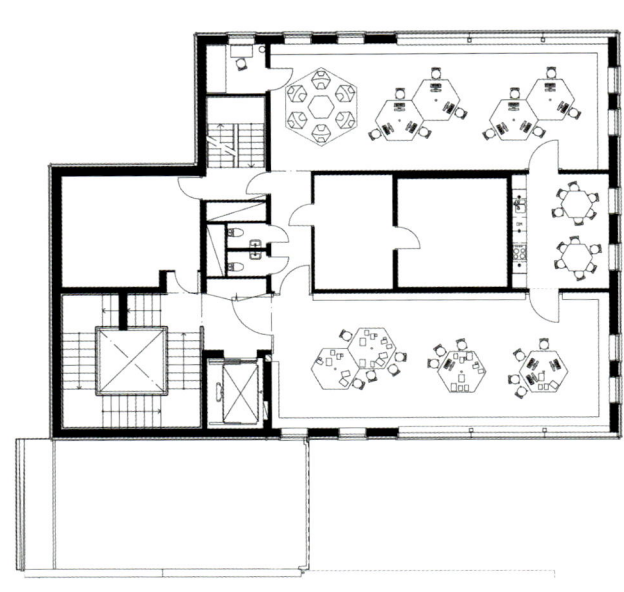
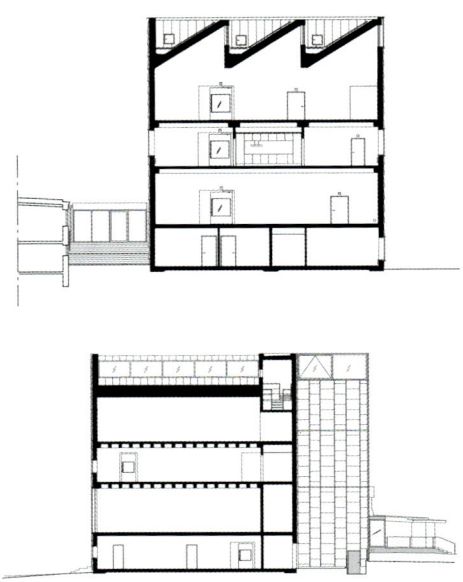

Vue en coupe n°1   Vue en coupe n°2   Plan au sol

A-CERO ESTUDIO DE ARQUITECTURA Y DISEÑO
Joaquín Torres (Barcelone, Espagne, 1969)
Rafael Llamazares (León, Espagne, 1970)

www.a-cero.com

© A-cero

Fondé à La Corogne (Galice) en 1996 par Joaquín Torres et Rafael LLamazares, ce bureau a essaimé à Madrid, Dubaï et en République Dominicaine. Il s'est vu décerner de nombreuses récompenses en urbanisme et en architecture dans son pays. En 2009, il a notamment remporté le concours pour la construction d'un centre de recherches sur les sources d'énergie renouvelable de 9 000 m², situé à Murcie.

« Améliorer la qualité tout en réduisant les coûts » est le leitmotiv de cette agence d'architectes engagée depuis plusieurs années dans la recherche sur l'architecture modulaire et la standardisation des procédures de construction industrielle. Connu pour ses maisons individuelles autant que pour ses complexes hôteliers, ce bureau d'études s'occupe non seulement de la conception intégrale des projets de l'urbanisme à l'architecture, de l'architecture intérieure au design du mobilier, mais aussi de la maîtrise d'œuvre jusqu'à la remise des clés. Parmi ses réalisations phares figurent la Résidence de Pozuelo, aux volumes sculpturaux ; les 88 Maisons à Madrid, un lotissement en escalier ; la Résidence de Madrid, un ensemble en forme de croix orthodoxe ; la Résidence 147 avec ses parements de verre ; les résidences de Saint-Domingue aux formes pures parfaitement intégrées dans le paysage, ou encore le spectaculaire Cœur de l'Europe, un complexe balnéaire de luxe situé sur l'archipel artificiel de Dubaï.

Résidence, Pozuelo
Pozuelo, Espagne / 2006 / © Santiago Cobreros

Lotissement de 88 maisons, Madrid

Madrid, Espagne / 2006 / © Montse Rodríguez

Résidence, Madrid

Madrid, Espagne / 2007 / © Santiago Cobreros

103

Résidence 147

Madrid, Espagne / 2008 / © Santiago Cobreros

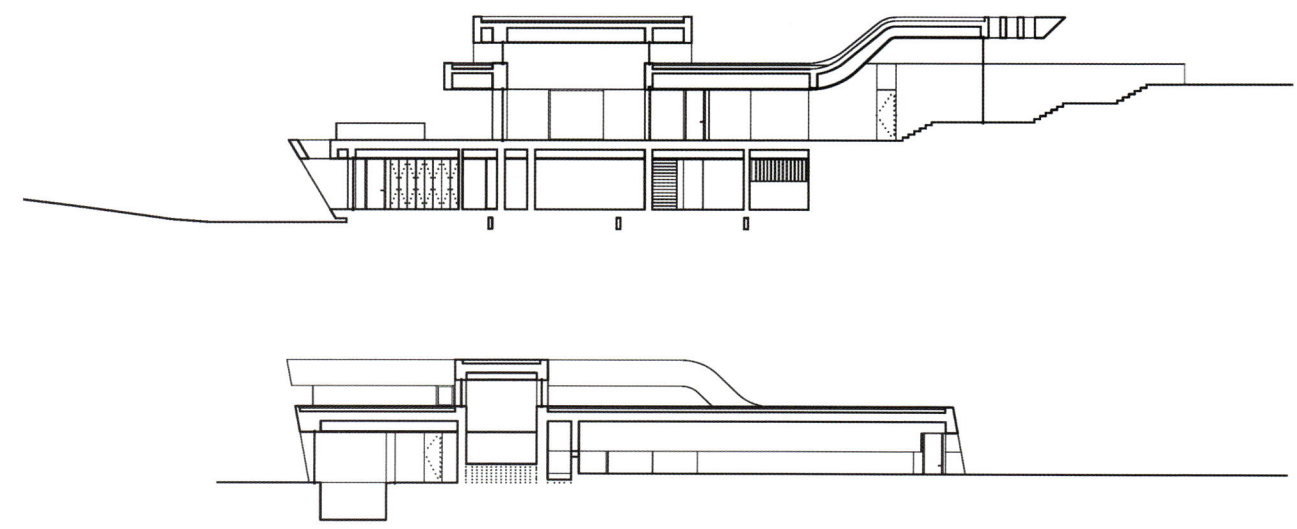

Vues en coupe

Le Cœur de l'Europe

Dubaï, Émirats arabes unis / (esquisses non défintives) / © A-cero

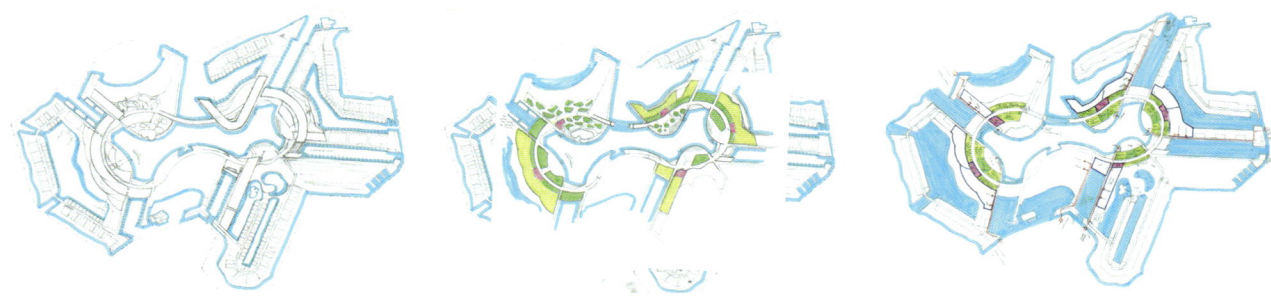

Différentes vues du complexe

MASSIMILIANO FUKSAS
Rome, Italie, 1944

www.fuksas.it

© Moreno Maggi

Diplômé de l'Université d'architecture de Rome en 1969, il entre à la direction du bureau d'étude en architecture Gramma au côté d'Anna Maria Sacconi, où il reste jusqu'en 1988. De 1998 à 2000, il est le directeur de la VIIe Biennale Internationale d'Architecture de Venise. Il a reçu le prix Nacional Italiano de Arquitectura et est aujourd'hui membre d'honneur de l'AIA.

Loin de l'architecture conventionnelle et des règles de géométrie et de proportions habituellement inhérentes à sa discipline, Massimiliano Fuksas offre un travail d'une grande richesse de styles, marqué par un flair sculptural qui donne naissance à des formes étonnantes. Il invente volontiers de nouveaux concepts, souvent issus du processus d'industrialisation. La composante artistique de son travail lui vient d'une approche minimaliste. Il recherche l'essence dans l'imagination et la substance dans la sensibilité. Citons parmi ses œuvres les plus marquantes le nouveau pôle d'exposition de la Foire de Milan, inauguré en 2005, où l'architecte romain développe un système de structures suspendues qui offrent de spectaculaires vagues de verre reliant différents pavillons plats ; l'Exhibition Center et l'Auditorium Nardini, deux bulles de verre reposant sur une structure métallique ; le centre commercial Etnapolis, avec ses rétro-illuminations nocturnes ; le Zénith de Strasbourg avec sa façade ellipsoïdale, ce tambour chancelant recouvert d'une membrane orange qui s'éclaire la nuit, pensé, dit-il, « comme une sculpture, un écrin translucide contenant un volume courbe qui transforme la matière en un espace de proximité et de convivialité » ; le centre Peres pour la Paix situé sur le front de mer de Jaffa, « une construction parallélépipédique faite d'une stratification de matières qui représente le temps et la patience », dit-il encore.

Parc des Expositions, Milan
Milan, Italie / 2003-2005 / © Fuksas Archive

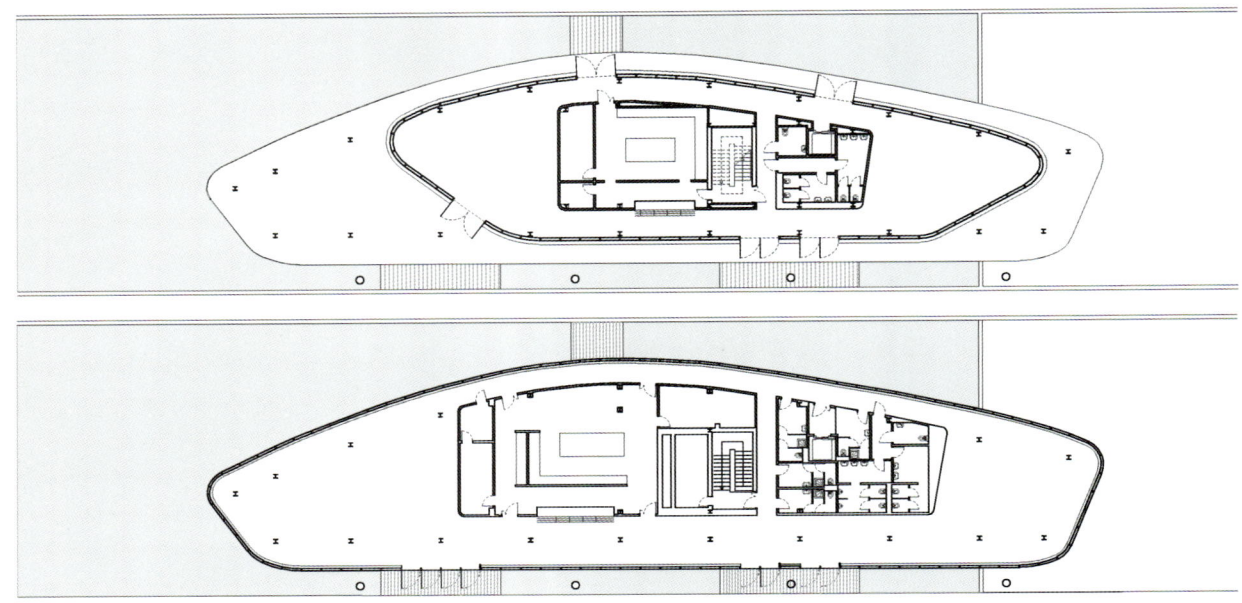

Plans au sol

Centre de recherches et auditorium Nardini
Bassano del Grappa, Italie / 2004 / © Maurizio Marcato

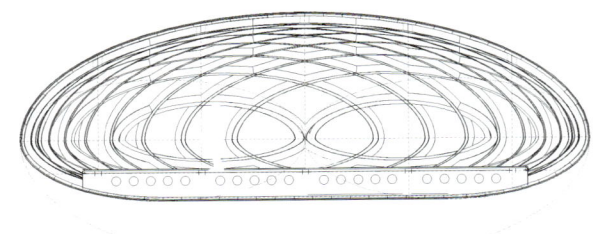

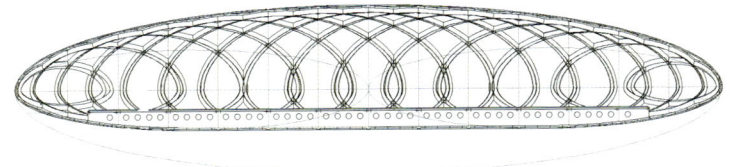

Vues en coupe

Centre commercial Etnapolis

Catane, Italie / 2005 / © Moreno Maggi

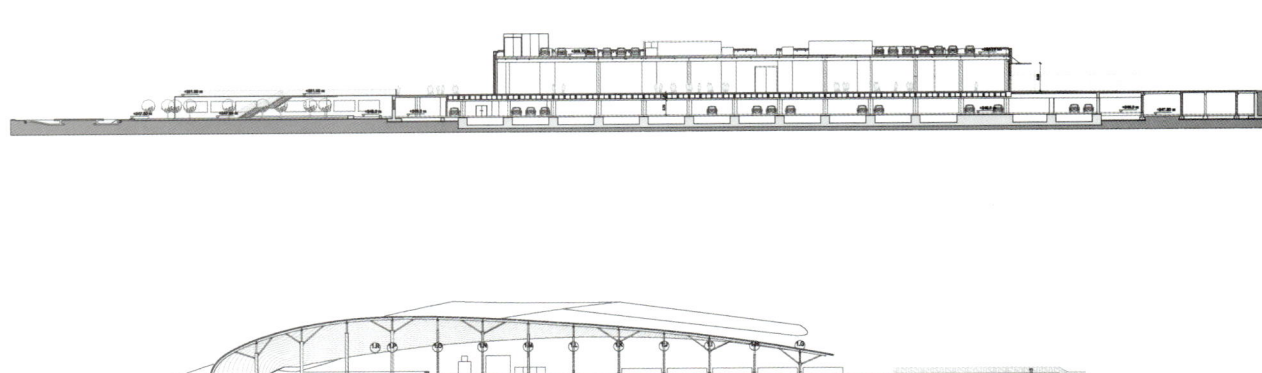

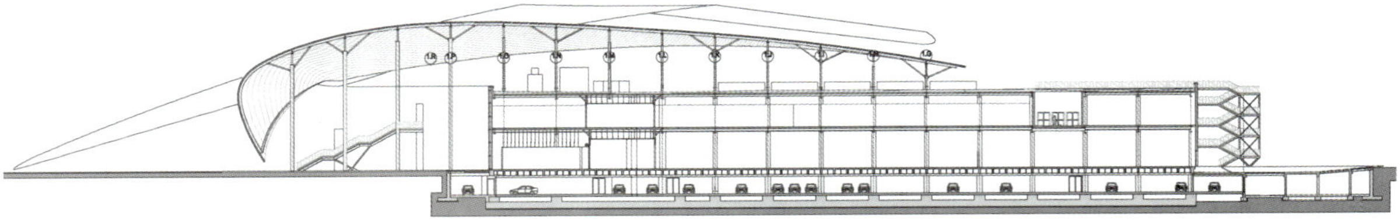

Vues en coupe du bâtiment

115

ZÉNITH, STRASBOURG
Strasbourg, France / 2007 / © Philippe Ruault

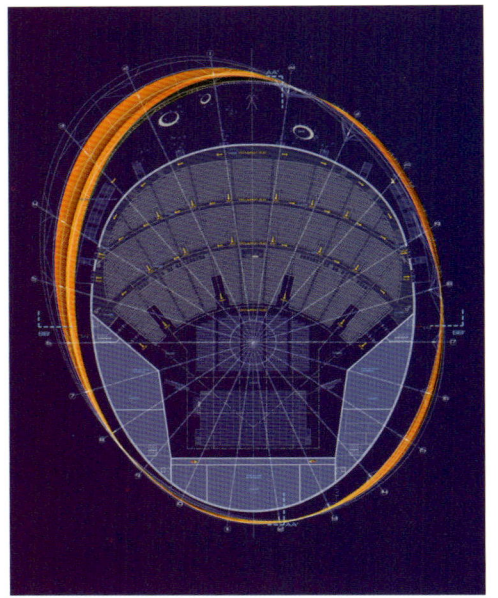 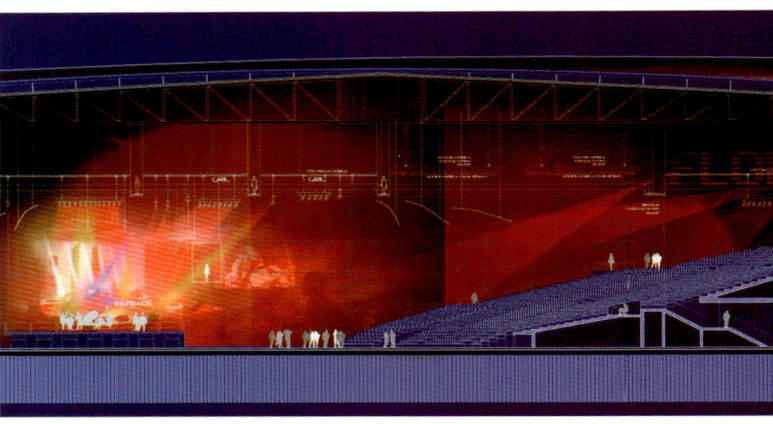

Plan au sol   Vue en coupe

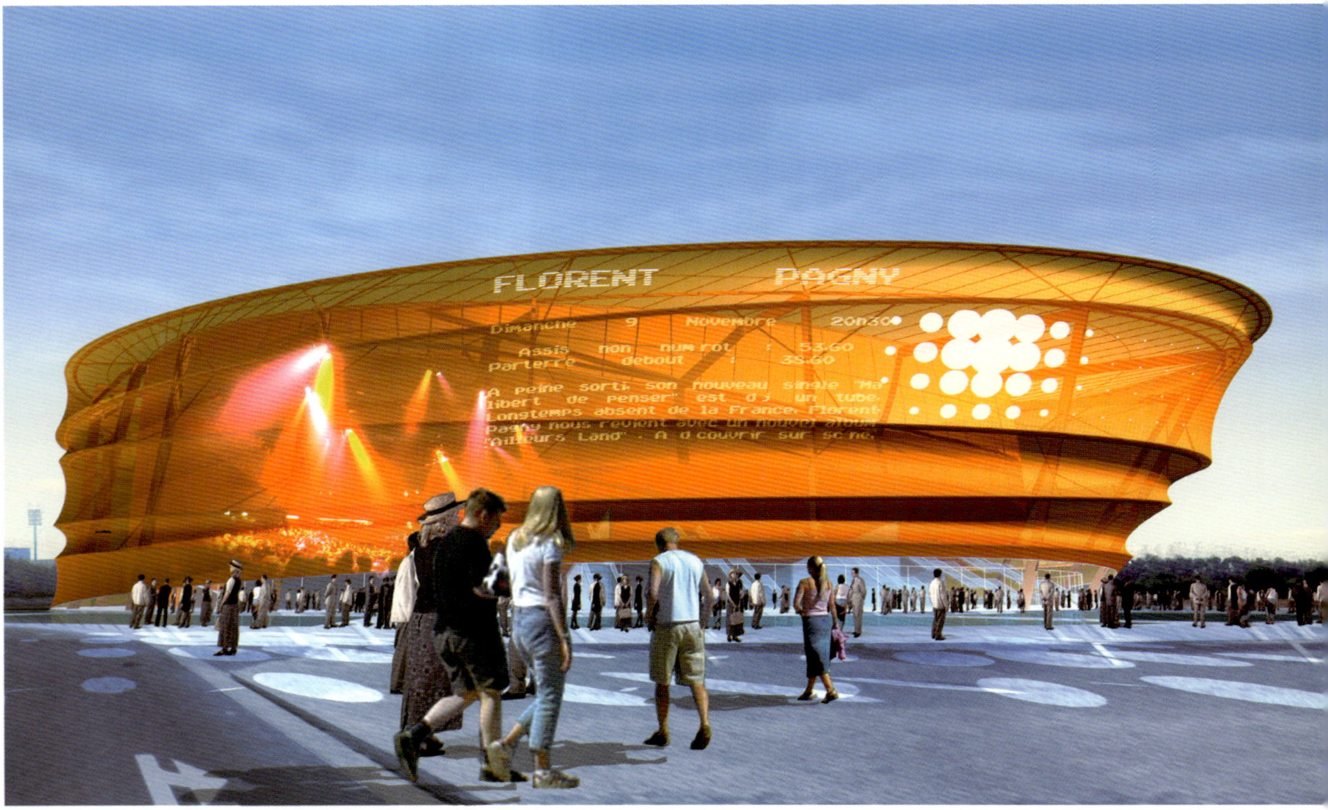

The Peres Peace House, Jaffa
Tel-Aviv, Israël / 2008 / © Moreno Maggi

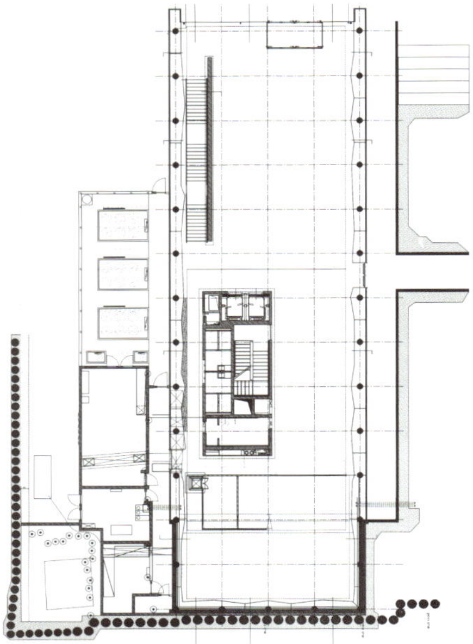

Plan au sol

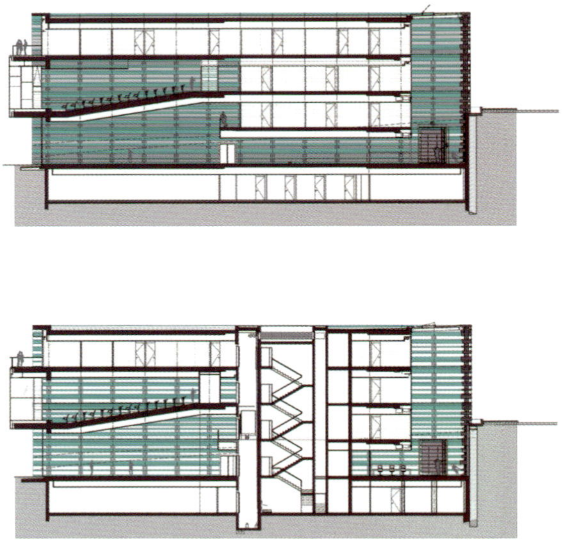

Vues en coupe du bâtiment

GEHRY PARTNERS
Toronto, Canada, 1929

www.foga.com
© Gehry Partners, LLP

Né au Canada, Frank O. Gehry poursuit ses études supérieures en Californie. Il obtient son diplôme d'architecte puis se spécialise dans l'urbanisme dans les années 1950. Il crée son propre bureau d'études à Los Angeles en 1962. Aujourd'hui Gerhy Partners compte plus de 160 salariés – ce qui n'empêche pas Frank Gerhy de dessiner personnellement chacun des projets choisis par sa firme. De nombreuses distinctions marquent sa longue carrière, dont le prix Pritzker (1989) et la médaille d'or de l'AIA (1999) pour n'en citer que deux. Ses réalisations sont parfois qualifiées d'expressionnistes ou de postmodernes.

Jusqu'à la fin des années 1970, ses réalisations conservent une élégance assez traditionnelle. À cette période, la transformation de son bungalow de Santa Monica lui donne l'occasion de tester de nouvelles formes et d'employer des matériaux courants (telles des clôtures à mailles métalliques) mais rarement usités auparavant. Les perspectives sont bouleversées, les formes plus audacieuses. Le processus créatif de Gehry passe par la réalisation de nombreuses maquettes et l'emploi de logiciels initialement conçus pour l'aérospatial. Ses édifices se reconnaissent au caractère sculptural de leur extérieur, comme par exemple le musée Guggenheim de Bilbao, avec son toit ondulé en titane ; le Richard B. Fisher Center, macro espace dédié à la danse et au théâtre ; le Walt Disney Concert Hall, un auditorium émergeant au milieu de gratte-ciel, et l'hôtel Marqués de Riscal, une révolution architecturale qui défie les catégories traditionnelles en matière d'hébergement touristique.

The Richard B. Fisher Center for the Performing Arts
Bard College, Annandale-on-Hudson, NY, États-Unis / 1997-2002 / © Gehry Partners, LLP

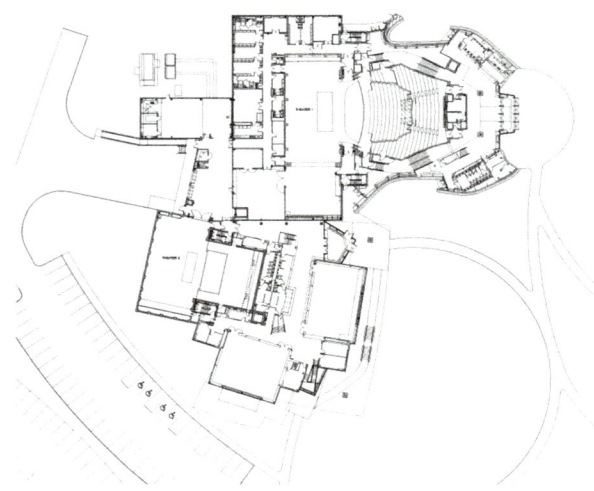

Plan du site

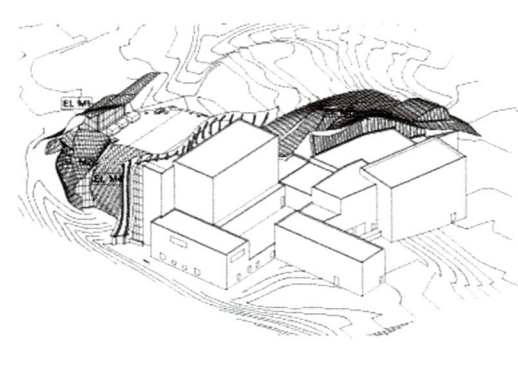

Vue en perspective du bâtiment

Hôtel Marqués de Riscal

Elciego, Espagne / 1999-2006 / © Edwin Chan, Michael Magat, Whit Preston

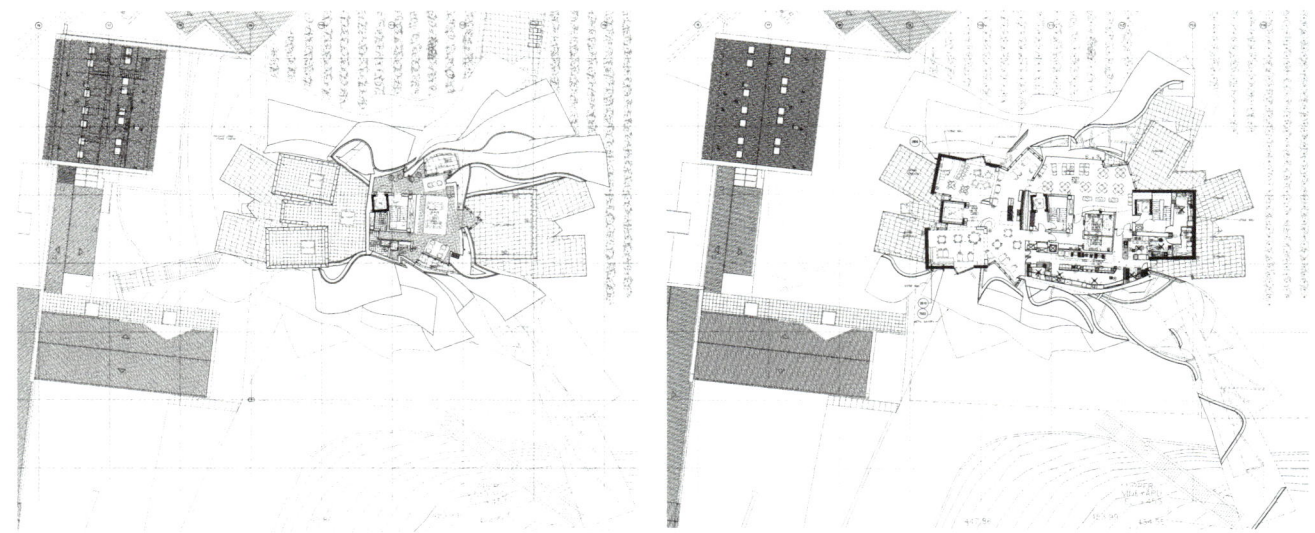

Plans au sol

RICHARD MEIER & PARTNERS, ARCHITECTS
Newark, NJ, États-Unis, 1934

www.richardmeier.com

© Richard Meier & Partners, Architects, LLP

Richard Meier fait ses études à l'Université Cornell et travaille pour les bureaux d'architectes de Skidmore, Owings and Merrill et de Marcel Breuer. Il ouvre sa propre agence en 1963, qui compte aujourd'hui des bureaux à Los Angeles et à New York. Plusieurs universités européennes et américaines l'ont nommé docteur *honoris causa*. Parmi ses nombreuses récompenses, citons la médaille d'or de l'AIA (1997) et le prix Pritzker (1984).

Cet architecte américain donne un sens humaniste à l'architecture. Il s'est affranchi des modes pour adopter une ligne de conduite cohérente dans ses créations : l'harmonie et la clarté de ses plans et l'usage fréquent du blanc font de lui un maître de la lumière et de l'espace. Parmi ses réalisations les plus marquantes, on compte : l'église du Jubilé (Rome, 2003), le Getty Center (1997) à Los Angeles, le musée des Arts décoratifs de Francfort (1995), le musée d'Art contemporain de Barcelone (1995), ou encore le High Museum of Art d'Atlanta (1983). Ses immeubles les plus récents permettent de découvrir une architecture plus raffinée, comme en témoignent le Bethel Performing Arts Center (New York, 2001) et le Avery Fisher Hall Competition (New York, 2002), deux projets particulièrement spectaculaires sur le plan architectonique. En France, il a notamment réalisé un immeuble de bureaux à Saint-Denis et le siège de Canal + à Paris.

Performing Arts Center

Bethel, NY, États-Unis / 2001 / © Richard Meier & Partners, Architects, LLP

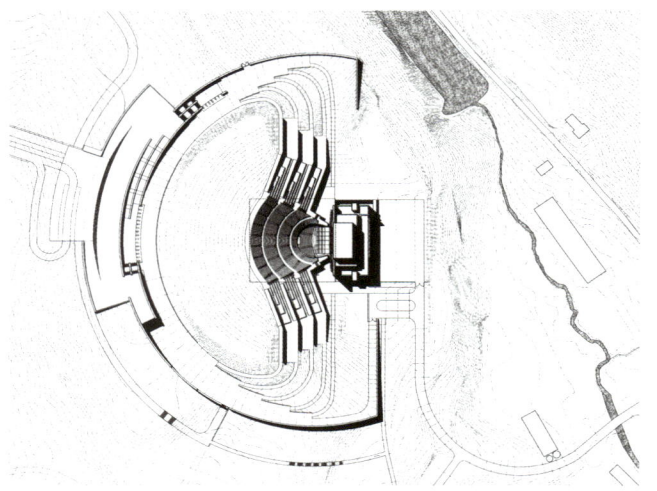
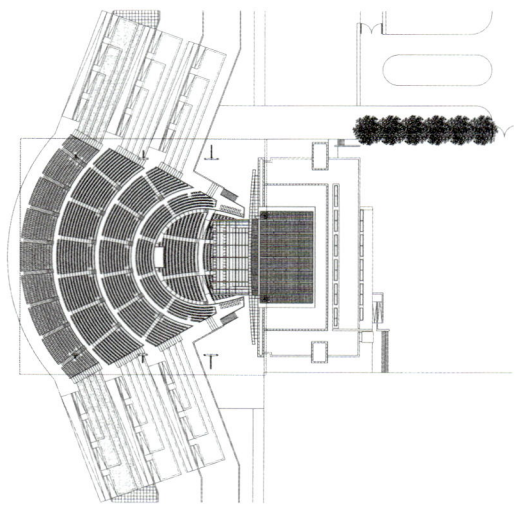

Plan du site   Plan au sol

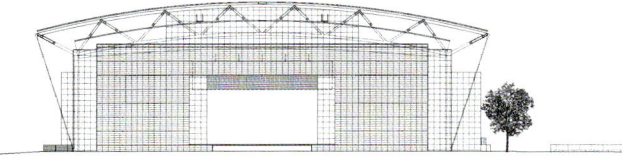
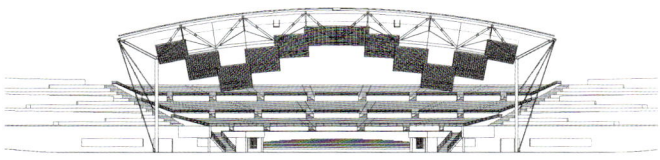
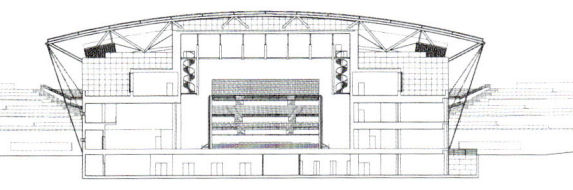
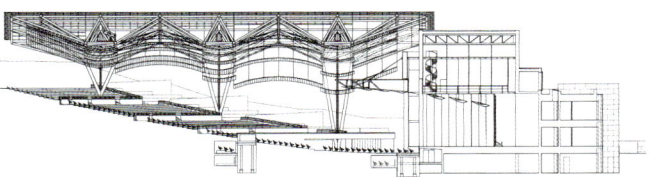

Vues en coupe

Avery Fisher Hall, Lincoln Center
New York, NY, États-Unis / 2002 / © DboxStudio

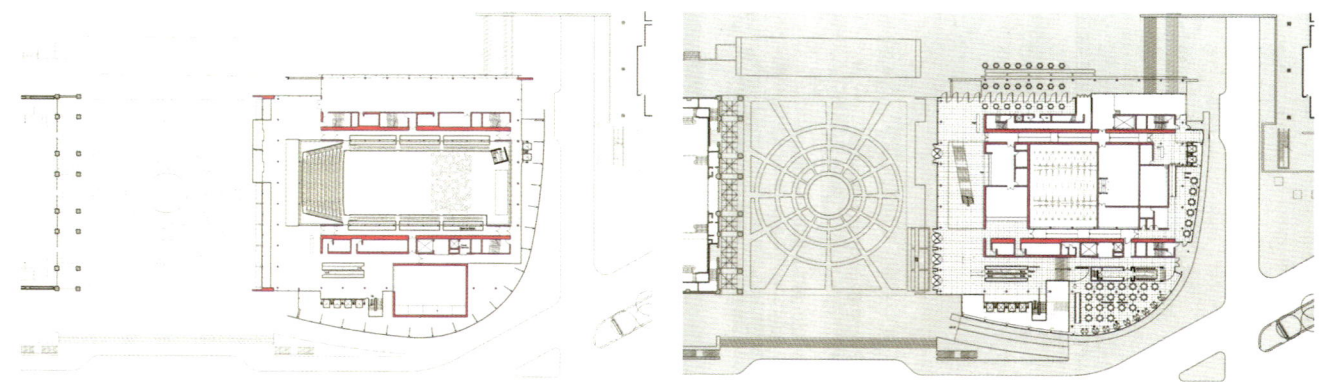

Plans au sol

STEVEN HOLL ARCHITECTS
Bremerton, WA, États-Unis, 1947

www.stevenholl.com

© Steven Holl Architects

Diplômé de l'Université de Washington en 1970, Steven Holl s'installe ensuite à Rome pour compléter ses études. Revenu aux États-Unis, il fonde son agence à New York en 1976, et enseigne à l'université Columbia depuis 1981. Parmi diverses récompenses, il a reçu la médaille d'honneur de l'AIA (1997), la médaille Alvar Aalto (1998), et le National Design Award, décerné par le Cooper-Hewitt National Design Museum (2002).

Steven Holl est un des architectes les plus prestigieux aux États-Unis. Il se distingue par la grande sensibilité avec laquelle il joue avec l'espace et la lumière. Il sait extraire les particularités culturelles et historiques de chaque contexte. Sa vaste expérience professionnelle l'a conduit à réaliser des projets très différents, tant par leurs spécificités que leurs dimensions : les barres translucides de l'extension du musée d'Art Nelson-Atkins à Kansas City (2007), les blocs jaunes surélevés de l'hôtel Loisium (2005), près de Vienne ; le Linked Hybrid (2009) à Beijing, un gigantesque complexe mêlant appartements, centres commerciaux, hôtel, école et parking ; le Simmons Hall (2002), cité universitaire du MIT aux innombrables fenêtres ; la Higgins Hall Insertion au Pratt Institute (2005), qui relie deux édifices historiques ; la chapelle moderne de St. Ignace sur le campus de l'université de Seattle (1997), les belles courbes du musée d'Art contemporain de Kiasma à Helsinki (1998), etc. Le cabinet de Steven Holl est également l'auteur de la Cité de l'océan et du surf de Biarritz.

Higgins Hall Insertion, Pratt Institute

Brooklyn, NY, États-Unis / 1997-2005 / © Steven Holl Architects

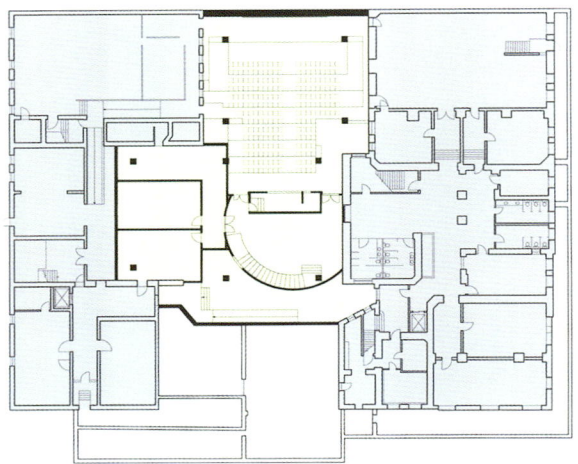

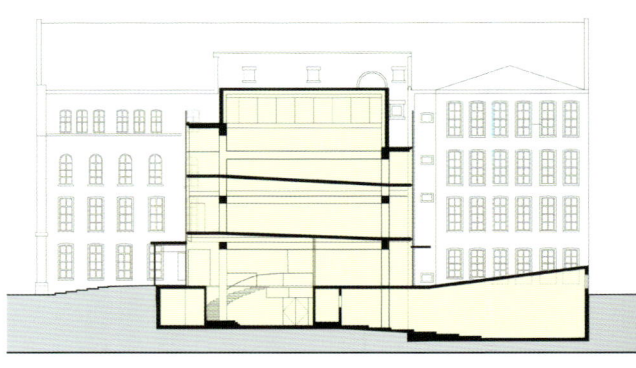

Plan au sol   Vue en coupe du bâtiment

Hôtel Loisium

Langelois, Autriche / 2001-2005 / © Margherita Spiluttini

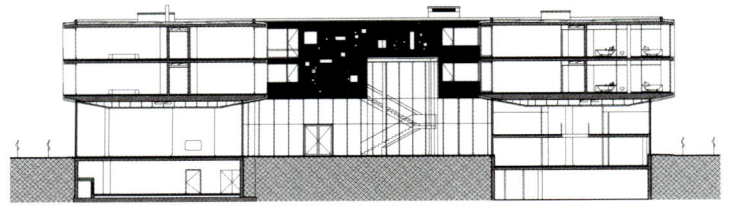

Vue en coupe du bâtiment et du complexe   Plan au sol

139

COMPLEXE LINKED HYBRID

Beijing, Chine / 2003-2009 / © Steven Holl Architects

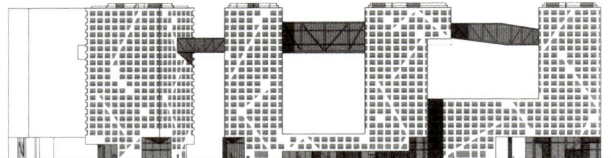

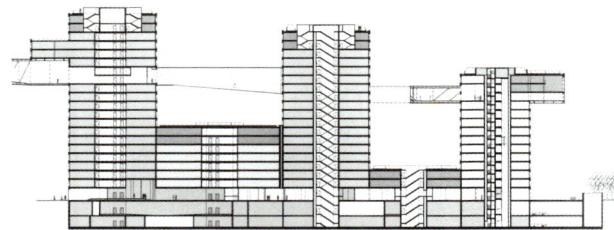

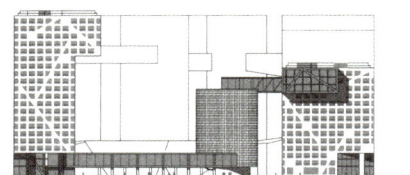

Élévations

Vue en coupe du bâtiment

GMP – VON GERKAN, MARG UND PARTNER
Meinhard von Gerkan (Riga, Lettonie, 1935)
Volkwin Marg (Königsberg, Allemagne, 1936)

www.gmp-architekten.de
© Wilfried Dechau, Ute Karen Seggelke

Diplômés en architecture en 1964 à l'université Carolo-Wilhelmina de Braunschweig, Meinhard von Gerkan et Volkwin Marg fondent dès l'année suivante leur cabinet. L'agence réalise de petits immeubles d'habitation, des hôtels, musées, théâtres, bureaux, centres commerciaux, etc. GMP s'est fait connaître dans le monde entier avec la construction du terminal de l'aéroport de Berlin-Tegel (1975). L'agence compte aujourd'hui 10 bureaux (dont 5 en Allemagne et 3 en Chine) et plus de 370 salariés. L'équipe a dessiné et construit plus de 280 bâtiments et reçu plus de 400 prix nationaux et internationaux.

Les architectes de ce bureau s'efforcent d'éviter les formes expressionnistes. Ils conçoivent des projets dont les caractéristiques premières sont le confort d'utilisation et la fonctionnalité. Ils recherchent la simplicité, la variété, l'équilibre, l'identité avec le lieu et l'ordre structurel. Les édifices les plus récents sont le stade de football RheinEnergie, un nouveau complexe sportif ; la gare centrale de Berlin, la plus grande d'Europe ; le centre culturel Zhongguancun, une tour vitrée ; la villa Guna, d'inspiration moderniste ; l'église chrétienne de Beijing, la plus grande de Chine ; et l'hôtel Marriott de Ningbo, composé de deux ailes qui se rejoignent à mi-hauteur.

STADE DE FOOTBALL RheinEnergie
Cologne, Allemagne / 2001-2004 / © Heiner Leiska, Jürgen Schmidt

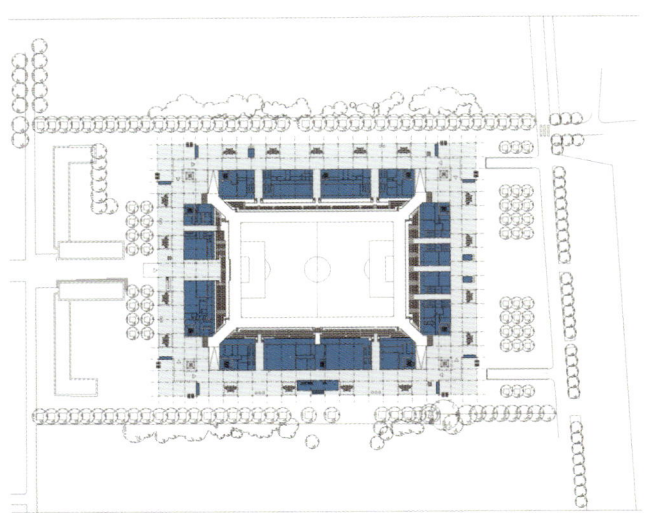

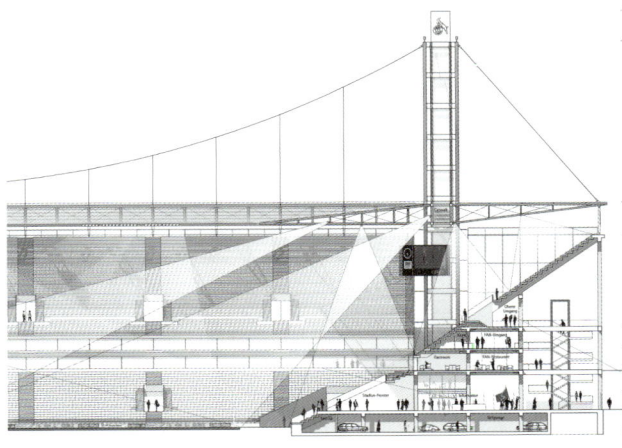

Plan du stade

Vue en coupe du stade

Gare centrale de Berlin-Lehrter bahnhof

Berlin, Allemagne / 1996-2006 / © Marcus Bredt, Wilfried Dechau

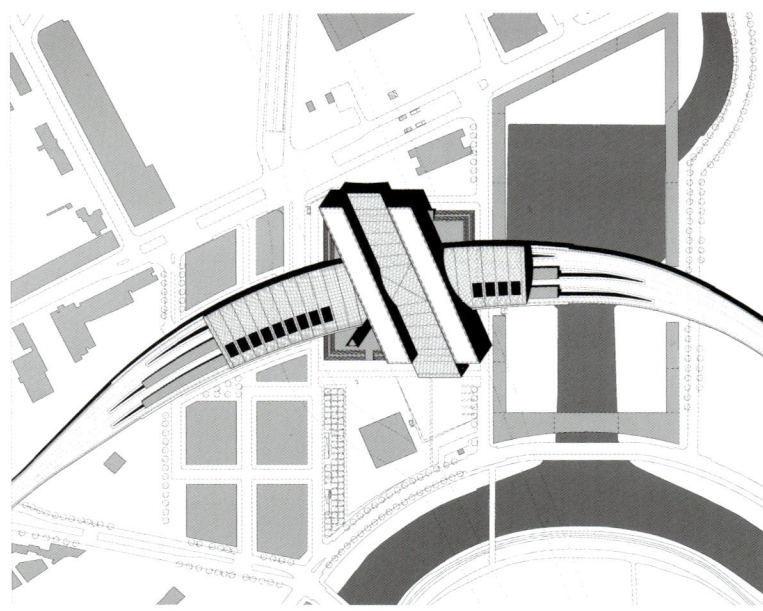

Plan du site

Centre culturel Zhongguancun

Beijing, Chine / 2003-2006 / © Christian Gahl

Plan en coupe du bâtiment

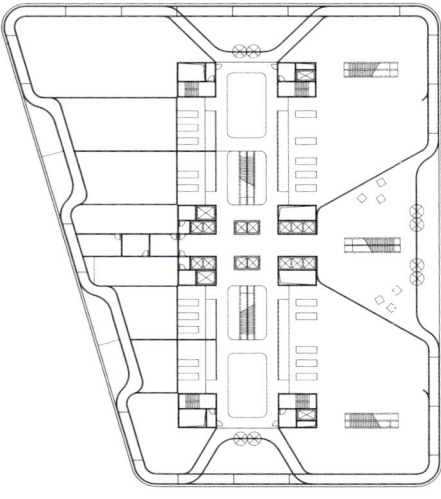

Plan d'étage

Villa Guna

Jurmala, Lettonie / 2005-2006 / © Heiner Leiska

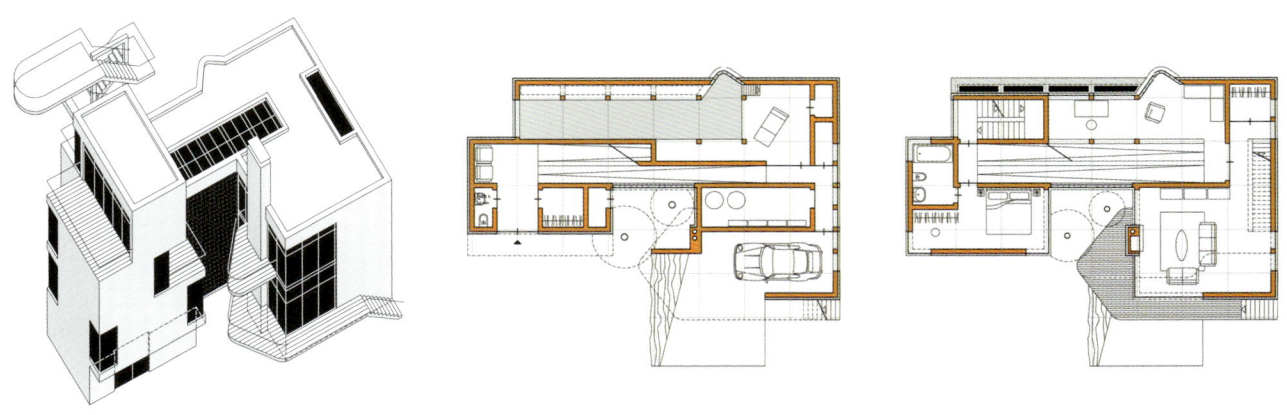

Vue axonométrique du bâtiment   Plan du rez-de-chaussée   Plan du premier niveau

ÉGLISE CHRÉTIENNE
Beijing, Chine / 2005-2007 / © Christian Gahl

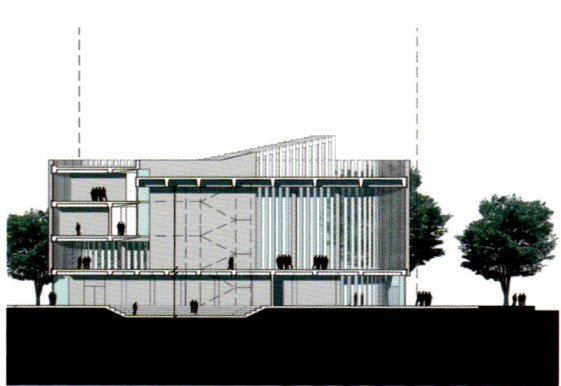
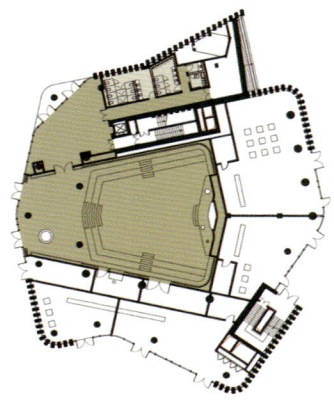
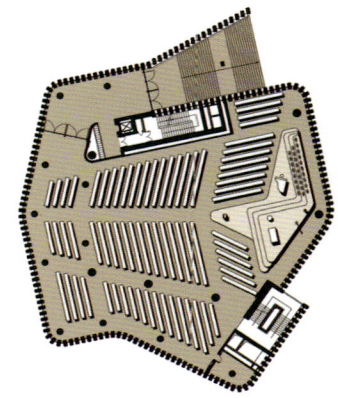

Vue en coupe du bâtiment

Plans du rez-de-chaussée et du premier niveau

Hôtel Marriott
Ningbo, Chine / 2005-2008 / © Jan Siefke

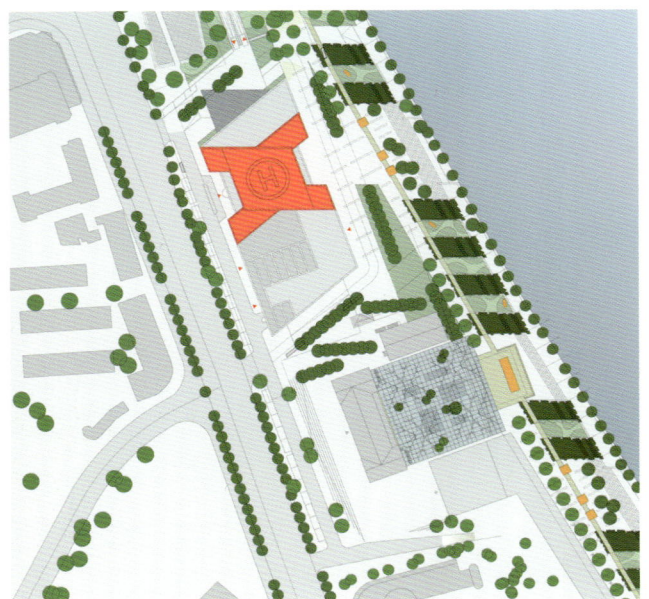

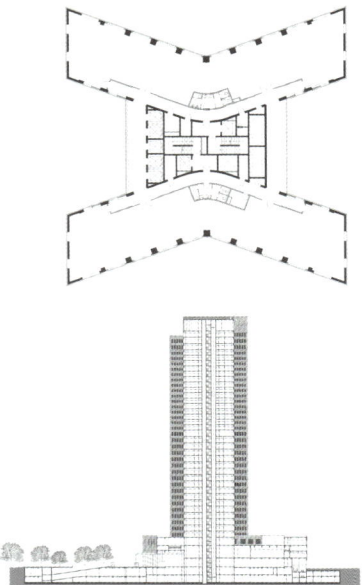

Plan du site　　　　　　　　　Plan au sol　　　　　　　　　Vue en coupe du bâtiment

MARIO BOTTA ARCHITETTO
Mendrisio, Suisse, 1943

www.botta.ch

© Beat Pfändler

Né en Suisse, il quitte l'école à 15 ans pour entrer comme dessinateur apprenti chez les architectes Luigi Camenisch et Tita Carloni, à Lugano. Le presbytère de Genestrerio est sa première réalisation. Il reprend un cursus scolaire au lycée d'art de Milan (1961-1964), puis à l'Institut Universitaire d'Architecture de Venise (1965-1969), sous la direction de Carlo Scarpa et Giuseppe Mazzariol. Parallèlement, il travaille en 1965 dans l'atelier de Le Corbusier et en 1969 pour Louis Kahn. Il ouvre son agence en 1970 à Lugano. Il enseigne régulièrement en Suisse et à l'étranger. Son travail lui a valu une renommée internationale et des récompenses de premier ordre comme la médaille du Mérite pour l'Excellence décernée par l'AIA (Museum of Modern Art de San Francisco) ou le prix Europa Nostra pour sa rénovation de la Scala de Milan.

De style compact et géométrique, ses édifices sont souvent construits en briques. Ils s'imposent par leur forme (cylindres, cubes) contrastant avec l'environnement. Mario Botta est considéré comme l'un des architectes les plus originaux du panorama contemporain. Parmi ses projets phares, il faut citer l'église de Santo Volto (Turin), dont les tours sont éclairées par des fenêtres à tabatière ; la cave Petra (Suvereto) un grand cylindre traversé par un plan diagonal ; les tours Kyobo, deux tours jumelles revêtues de briques (Séoul) ; le spa Tschuggen Berg Oase (Arosa), spectaculaire centre de relaxation. Il a également été chargé de la restauration du théâtre de la Scala à Milan. En France, il a dessiné le théâtre et centre culturel André Malraux à Chambéry (1987), la médiathèque de Villeurbanne (1988) et la cathédrale d'Évry (1995). Il a également une activité de designer (mobilier et luminaires principalement).

ÉGLISE DE SANTO VOLTO

Turin, Italie / 2001 / © Enrico Cano

Esquisses

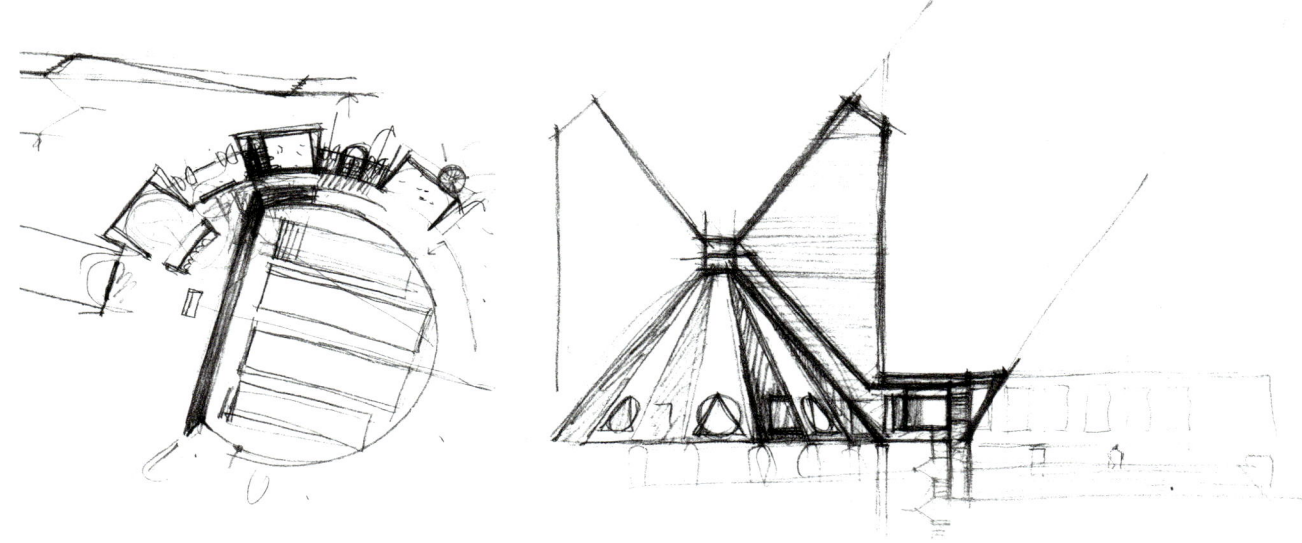

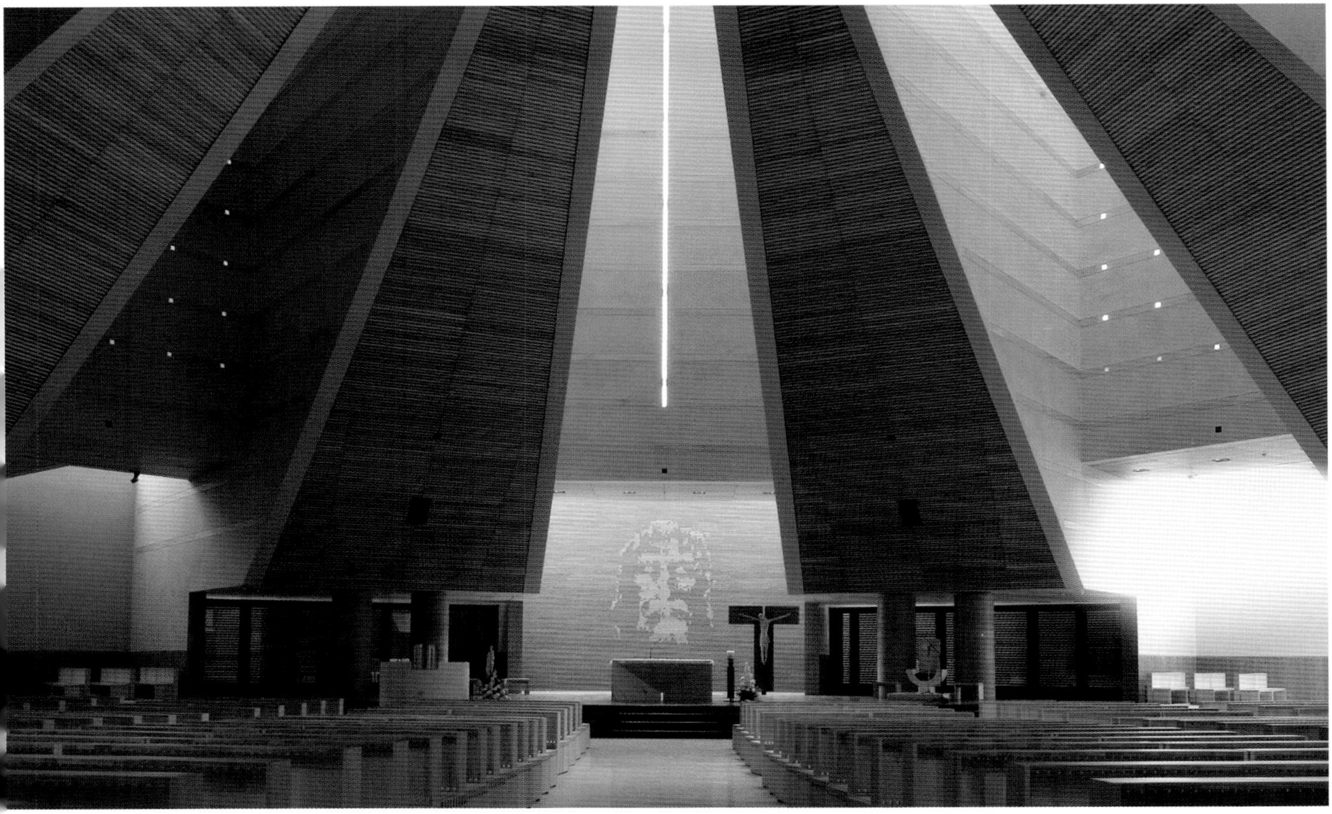

Cave Petra
Suvereto, Italie / 1999-2003 / © Enrico Cano

Plan du site

Plan au sol et vue en coupe

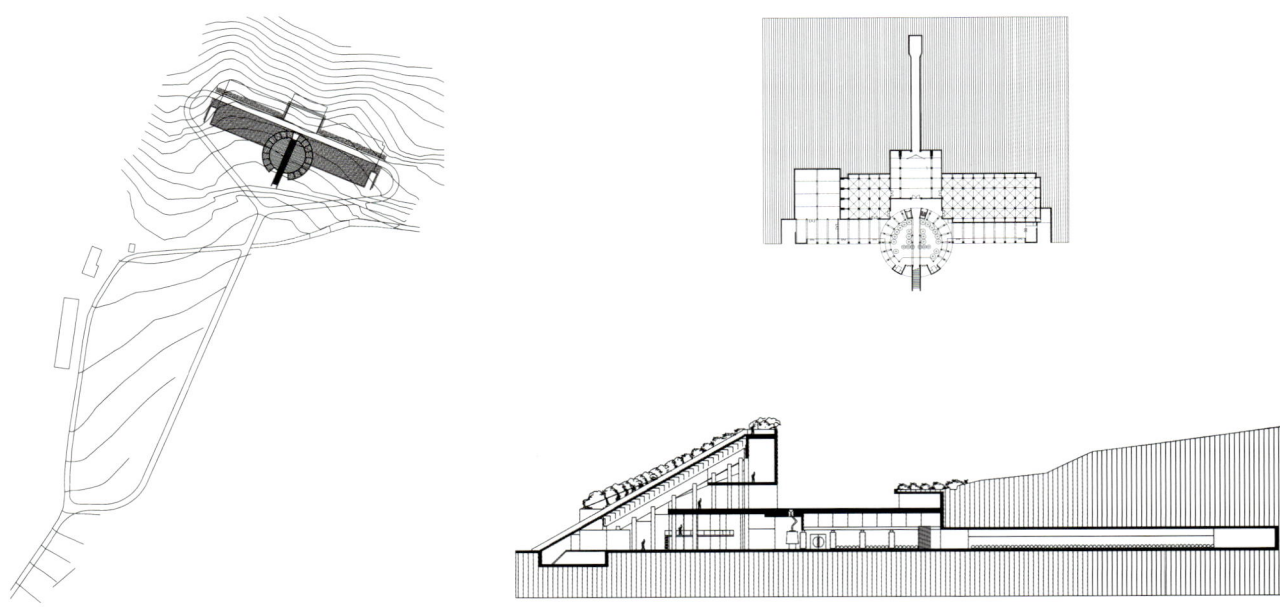

Tours Kyobo
Séoul, Corée du Sud / 1999-2003 / © Pino Musi, Young Chea Park

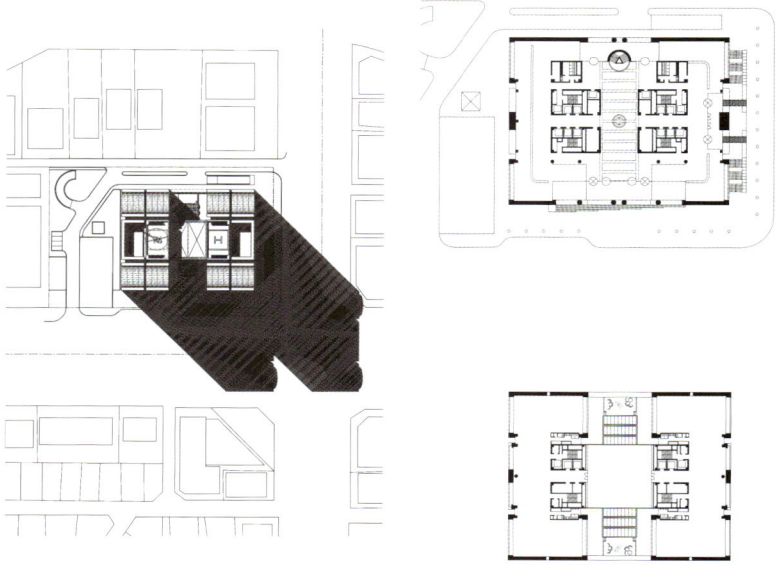
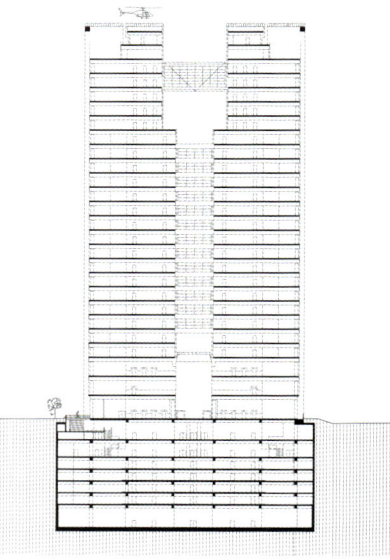

Plan du site   Plan au sol et plan d'étage   Vue en coupe du bâtiment

Spa Tschuggen Bergoase
Arosa, Suisse / 2006 / © Enrico Cano

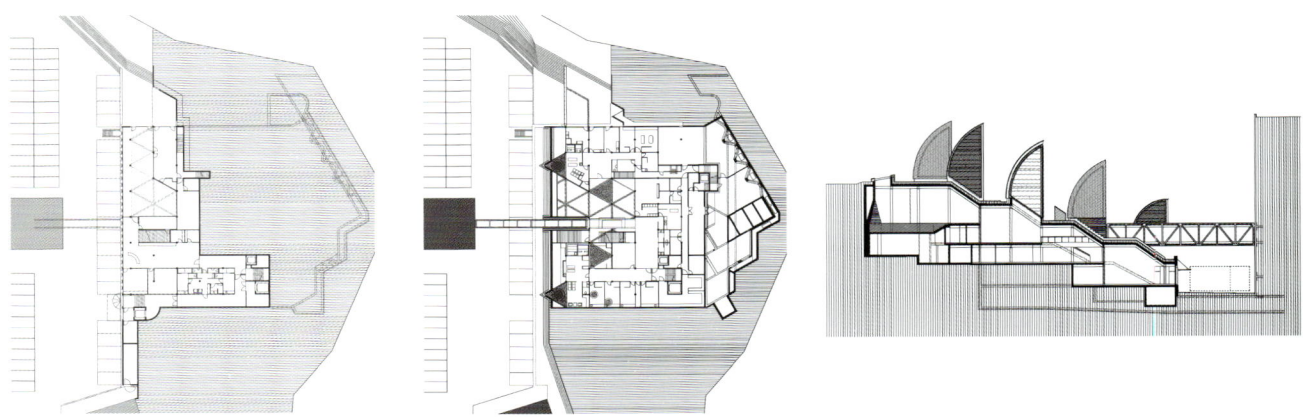

Plans des différents niveaux · Vue en coupe

ASYMPTOTE

Lise Anne Couture (Montréal, Canada, 1959)
Hani Rashid (Le Caire, Égypte, 1958)

www.asymptote.net

© Alex Cao

Le bureau Asymptote, installé à New York, est fondé en 1989 par les Canadiens Lise Anne Couture (diplômée en architecture à l'Université de Yale) et Hani Rashid (diplômé en architecture à la Cranbrook Academy of Art, Michigan). Depuis la fin des années 1980, elle enseigne notamment à la Parsons School of Design (New York), et lui à l'Université de Columbia (New York). Dans le monde de l'architecture contemporaine, leurs projets se distinguent par leur utilisation de l'outil informatique et l'emploi de technologies de construction innovantes. En 2004, Asymptote reçoit le prix Frederick Kiesler.

Le style d'Asymptote tient en deux mots : fluidité et « futurisme ». Leurs édifices jouissent d'un grand prestige international. Le bureau réalise aujourd'hui une variété de constructions dans le monde entier (habitations, hôtels, installations artistiques, environnements numériques, centre économiques, musées, etc.). On compte parmi leurs réalisations phares les pavillons dédiés à l'art contemporain pour la Guggenheim Foundation, dans le complexe de Biennale Park (Abou Dhabi) ; les 190 Váci, deux tours vitrées en torsion (Budapest) ; le Yas Hotel qui enjambe un circuit de Formule 1 et la tour Strata d'Abou Dhabi, une tour à l'impact visuel spectaculaire ; le Penang Global City Center, un complexe au dessin futuriste ; et les tours du World Business Center de Busan, qui seront parmi les plus hautes d'Asie (560 m). Asymptote a également réalisé la scénographie de la IXe Biennale d'architecture de Venise et poursuit parallèlement une activité de designer.

Pavillons d'art contemporain Guggenheim
Île Saadiyat, Émirats arabes unis / 2006 / © Asymptote

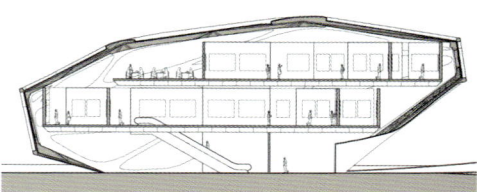

Élévations   Vue en coupe

169

Tours 190 Váci
Budapest, Hongrie / 2006-2009 / © Asymptote

Vue en coupe

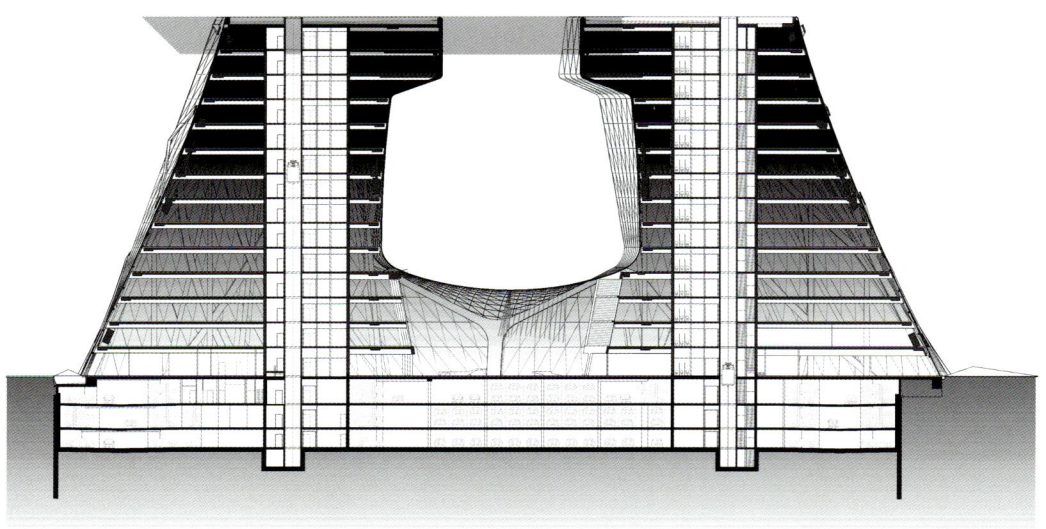

171

Tour Strata
Abou Dhabi, Émirats arabes unis / 2006-2011 / © Asymptote

PENANG GLOBAL CITY CENTER
Penang, Malaisie / 2006-2012 / © Asymptote

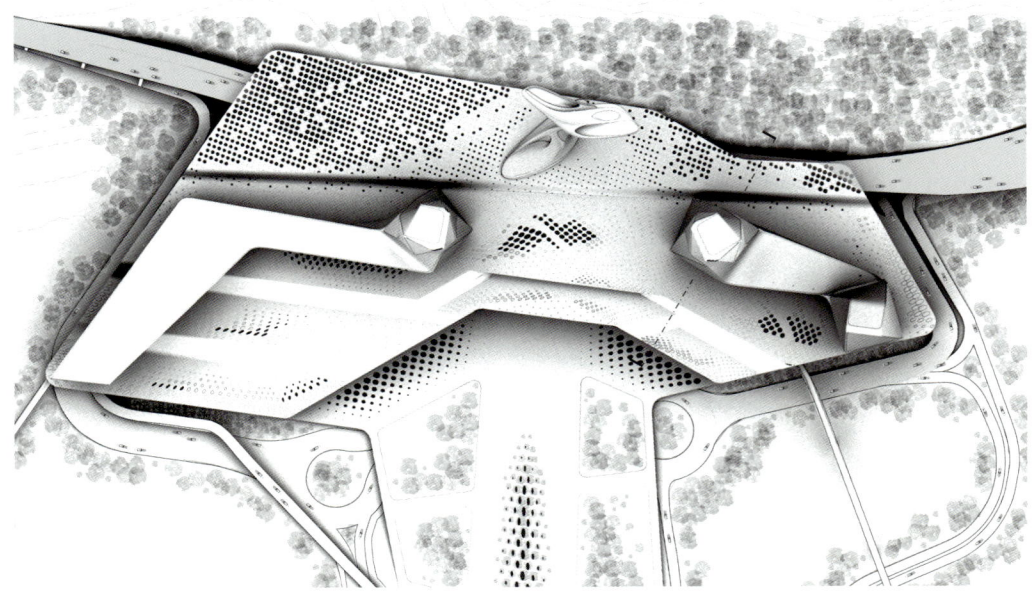

Plan du site

Busan World Business Center
Busan, Corée du Sud / 2007-2013 / © Asymptote

Élévations

BERNARD TSCHUMI ARCHITECTS
Lausanne, Suisse, 1944

www.tschumi.com
© Bernard Tschumi Architects

Bernard Tschumi étudie à l'École Fédérale Polytechnique de Zurich, dont il sort diplômé en 1969. Il enseigne un temps à Londres et à Princeton. Il publie deux essais majeurs : *The Manhattan Transcripts* (1981), réflexions sur les nouvelles formes de notation architecturale, et *Architecture and Disjunction* (1984). Lors de sa première participation à un concours international, après quinze ans de travaux théoriques, il remporte à 39 ans le concours pour le parc de la Villette. Il partage aujourd'hui son temps entre Paris et New York. Son travail a été récompensé par de nombreuses distinctions internationales dont la médaille d'or de l'American Institute of Architects.

On le considère comme un architecte déconstructiviste mais lui revendique la pratique de la liberté individuelle du créateur face à ses œuvres. Se référant volontiers à d'autres disciplines comme le cinéma ou la littérature, il crée un espace urbain vivant qui tire sa force à la fois de son individualité propre comme de sa capacité à accueillir le travail d'autres concepteurs. Parmi ses projets les plus récents, il faut citer : le Nouveau Musée de l'Acropole (2009), à Athènes, créé pour abriter les marbres du Parthénon ; l'ondulante structure percée de losanges du centre d'athlétisme de l'université de Cincinnati (2006) ; la Blue Residencial Tower (2006), à New York, avec son mur continu constitué d'une paroi de verre inclinée ; la salle de spectacles de Limoges (2006), toute en rondeur boisée et vitrée ; ou auparavant, le Student Center de l'université Columbia (1999), à New York, avec ses doubles rampes ; l'école d'architecture de Marne-la-Vallée (1999), organisée autour de sa halle centrale ; le parc urbain de la Villette, à Paris, et ses folies rouges en bord de canal (1998) ; le studio des arts contemporains Le Fresnoy (1998), à Tourcoing, sur le site de l'ancien complexe ludique, qui joue sur des effets de transparence et d'opacité.

UCAC Athletic Center
Cincinnati, OH, États-Unis / 2001-2006 / © Bernard Tschumi Architects

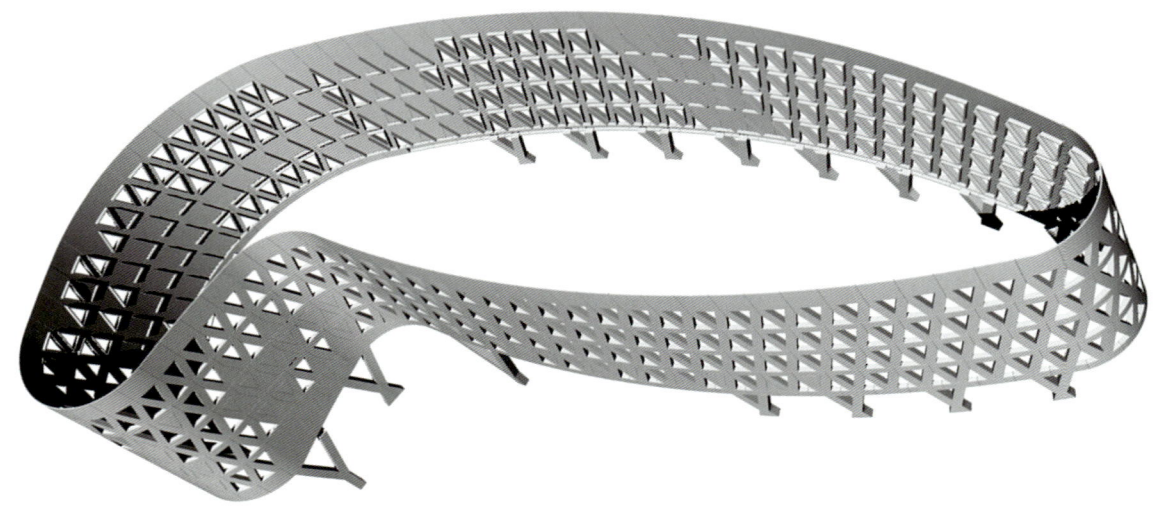

Vue de la façade générée par ordinateur

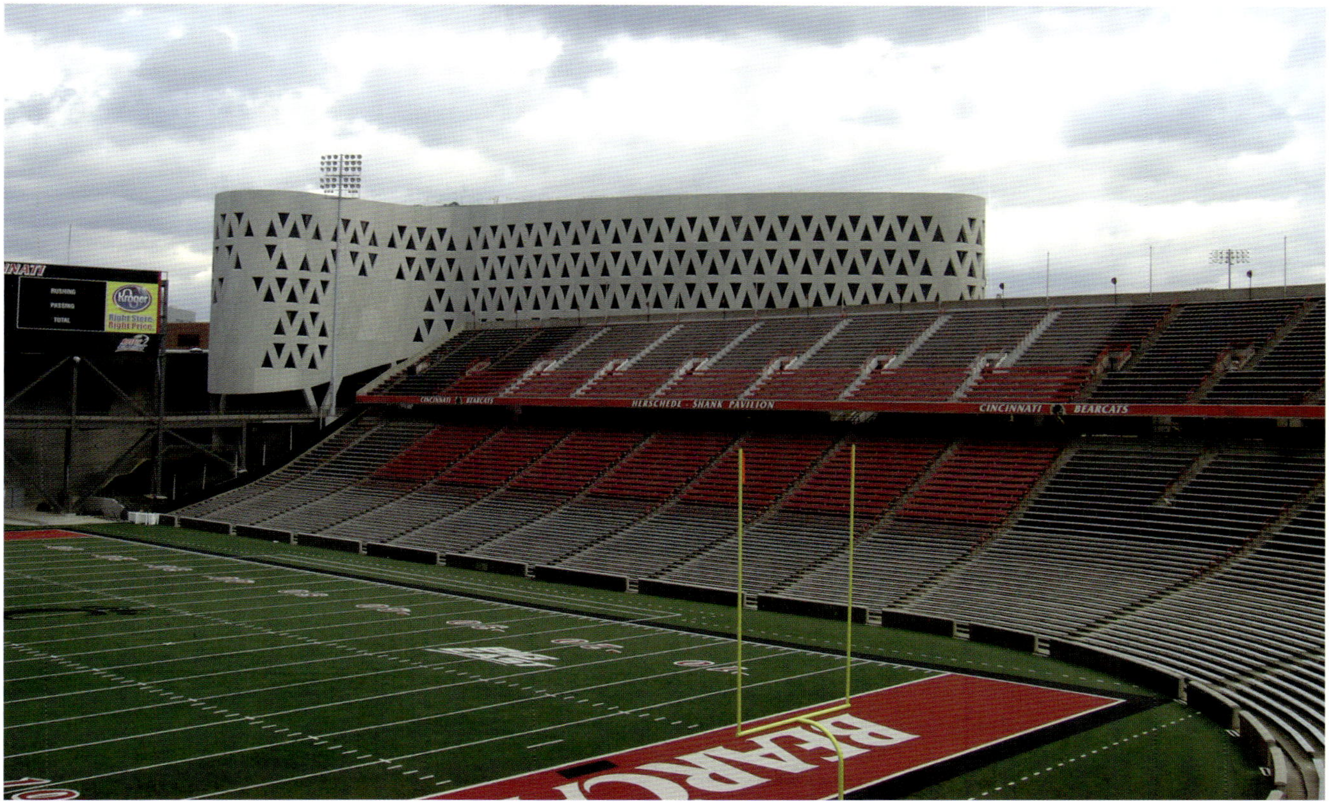
CINCINNATI BEARCATS
HERSCHEDE · SHANK PAVILION
CINCINNATI BEARCATS

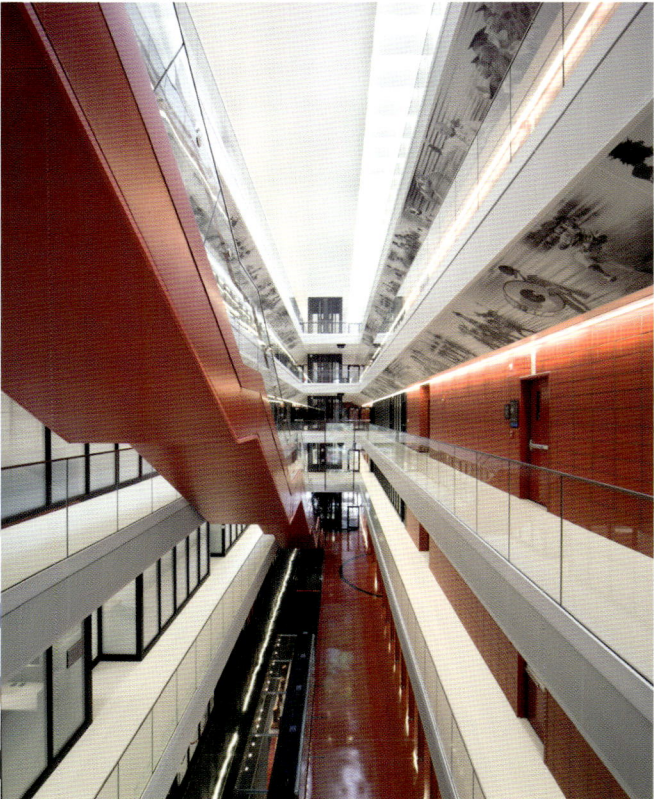

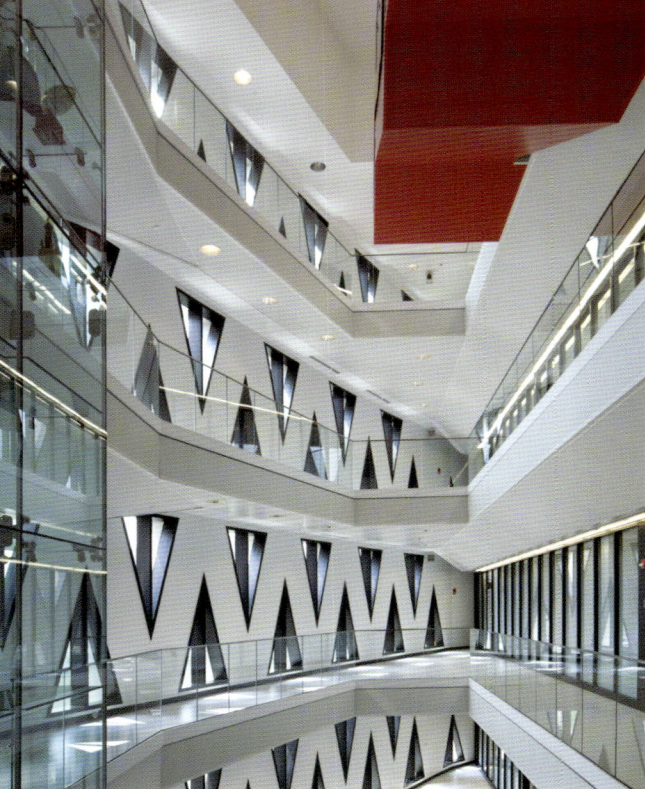

Blue Residencial Tower
New York, NY, États-Unis / 2004-2007 / © Bernard Tschumi Architects

Photomontage

Nouveau Musée de l'Acropole
Athènes, Grèce / 2001-2008 / © Bernard Tschumi Architects

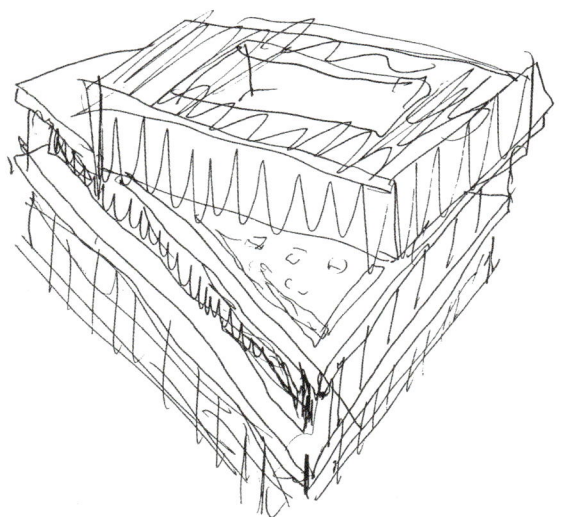
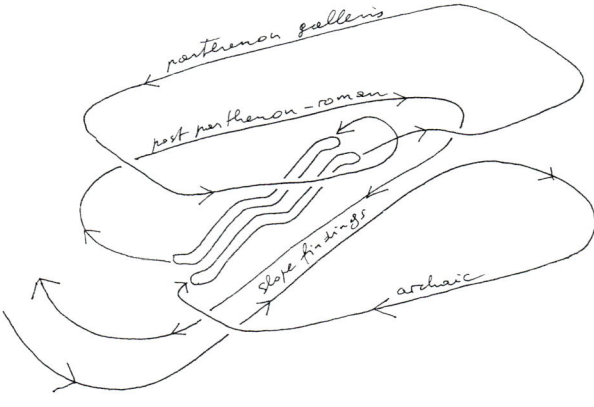

Croquis

Centre financier des Amériques

Saint-Domingue, République dominicaine / 2006-2010 / © Bernard Tschumi Architects

Présentation des différents éléments

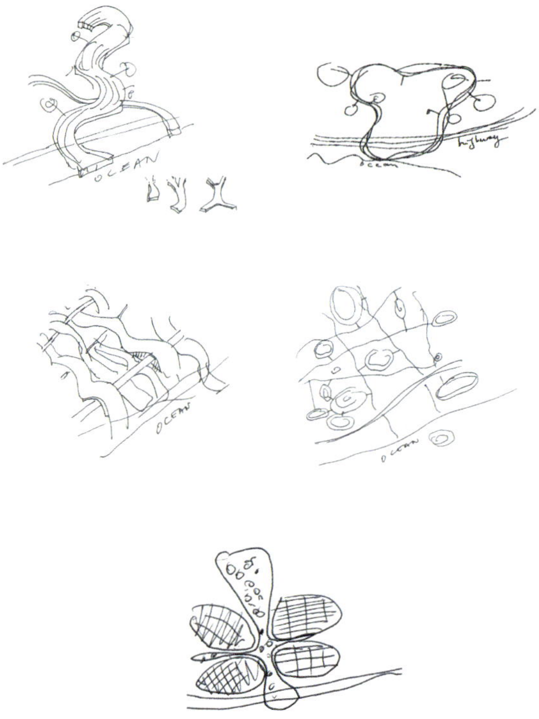

Croquis

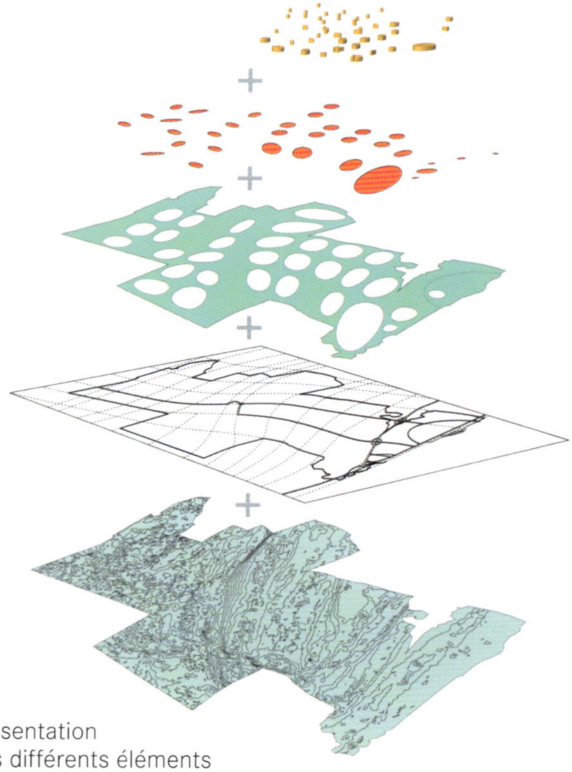

Présentation
des différents éléments

187

DPA-DOMINIQUE PERRAULT ARCHITECTURE
Clermont-Ferrand, France, 1953

www.perraultarchitecte.com
© DPA- Dominique Perrault Architecture

Depuis son projet pour la Bibliothèque Nationale de Paris, qui a remporté le concours en 1989, cet architecte est reconnu sur la scène internationale. Dominique Perrault obtient son diplôme d'architecte à l'École nationale supérieure des beaux-arts de Paris en 1978. Il étudie également l'urbanisme, l'histoire et les sciences sociales. En 1981, il crée son agence à Paris (puis des antennes au Luxembourg, en Russie et en Espagne). Parallèlement, il enseigne en France et à l'étranger. Son travail a été récompensé par une vingtaine de prix internationaux.

Sa philosophie en matière d'architecture se fonde sur l'idée de valoriser les matériaux et paysages autour de ses constructions, il vise à faire converger l'architecture avec l'histoire et la géographie du lieu. Il est à la recherche de nouvelles formes d'espace public, en tentant d'anticiper les évolutions environnantes futures, une « prise de site » dans le jargon des architectes. Bâtiments semi-enfouis et lignes géométriques pures font partie de sa signature, tout comme son attrait pour la forme de la tour. Les peaux et les revêtements stratifiés (notamment les mailles et résilles d'acier pour la BNF) ont également participé à sa renommée. Parmi ses plus récents projets, citons l'Université féminine d'Ewha, à Séoul (Corée), le Centre olympique de Tennis, à Madrid (Espagne), la Cour de Justice des Communautés Européennes, à Luxembourg, et la nouvelle scène du théâtre Mariinsky (un autre cabinet a finalement été choisi depuis), à Saint-Pétersbourg, aux multiples volumes terminés par des finitions dorées et brillantes. En prolongement de son activité d'architecte, D. Perrault, en « duo créatif » avec Gaëlle Lauriot-Prévost, conçoit également du mobilier et des luminaires, avec le même choix de formes simples, épurées et une attention à l'ingénierie des matériaux utilisés.

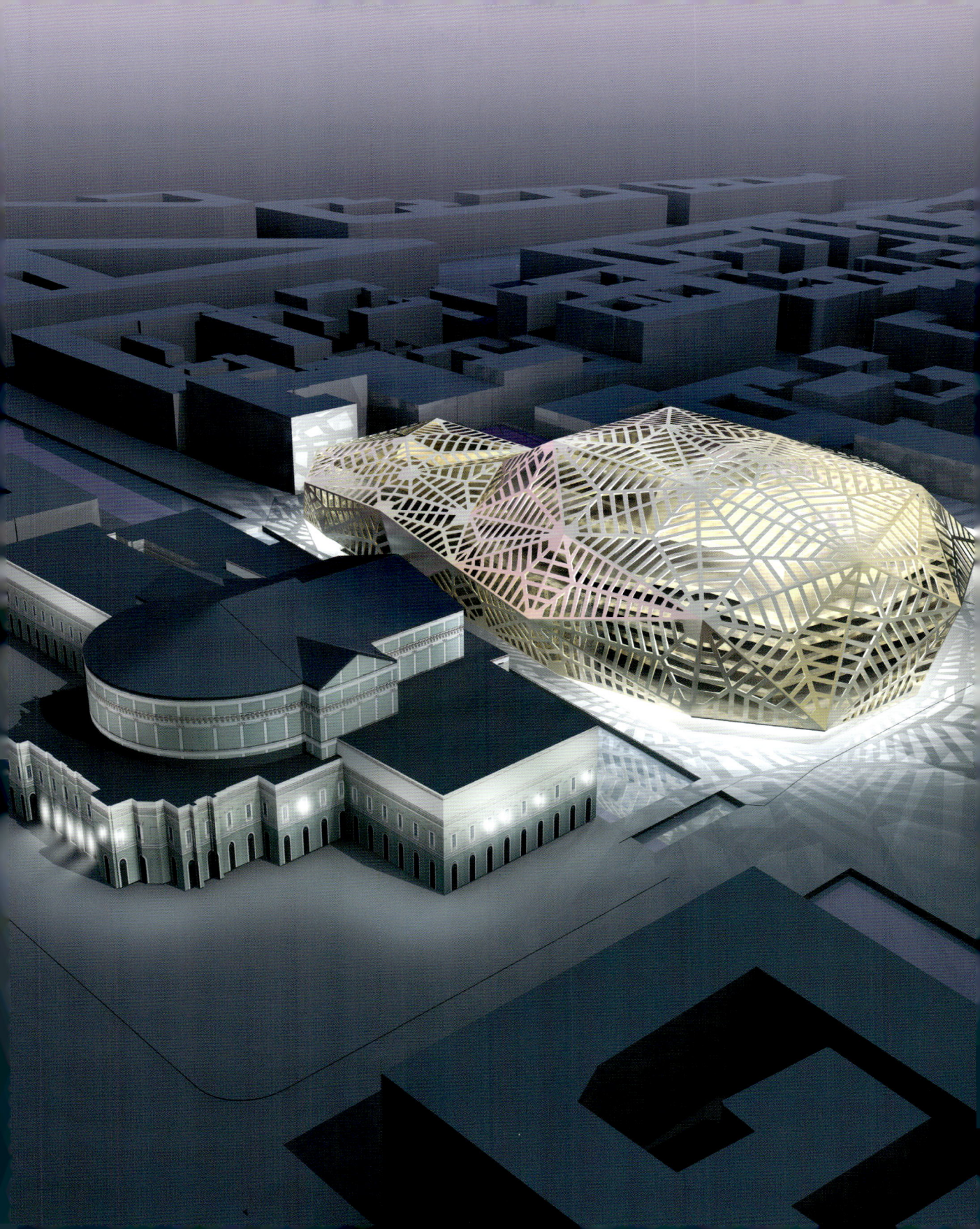

Parking Émile-Durkheim

Paris, France / 2000-2002 / © ADAGP/A. Morin

Immeuble de bureaux à Boulogne-Billancourt

Boulogne-Billancourt, France / 2005-2009 / © DPA- Dominique Perrault Architecture

Théâtre Mariinsky II
Saint-Pétersbourg, Russie / 2003-2009 / © DPA- Dominique Perrault Architecture

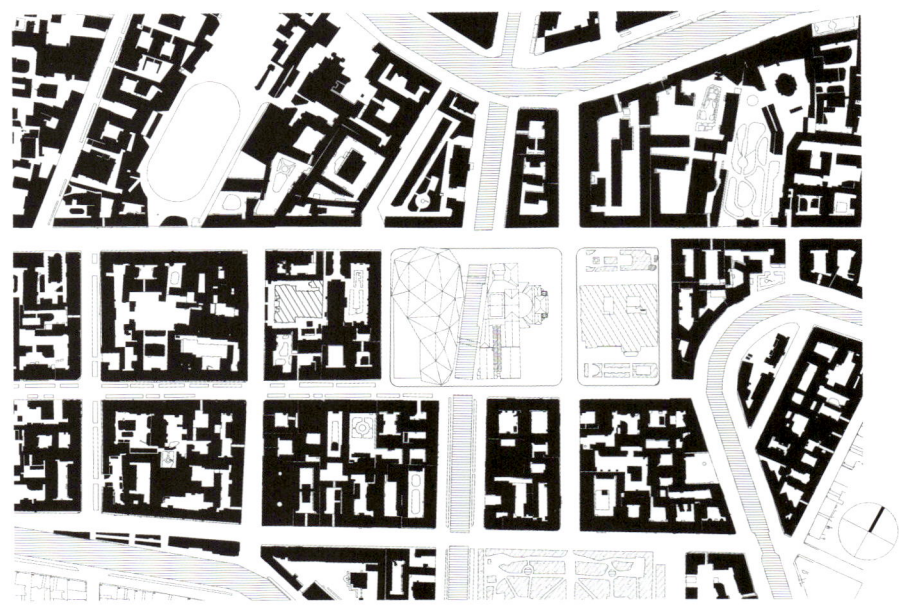

Plan du site

ATELIERS JEAN NOUVEL
Fumel, France, 1945

www.jeannouvel.com
© Ateliers Jean Nouvel

Jean Nouvel étudie l'architecture et le dessin à l'École nationale supérieure des beaux-arts de Paris, dont il sort diplômé en 1972. Un temps assistant de Claude Parent et Paul Virilio, il cofonde le mouvement architectural « Mars 1976 ». Il est le lauréat du concours de l'Institut du monde arabe en 1981, le dernier chantier de grands travaux initiés par François Mitterrand. Après ses études, il crée plusieurs bureaux avec divers associés (notamment François Seigneur, Gilbert Lézènes et Pierre Soria) jusqu'à ouvrir le sien propre en 1994. Il a reçu de nombreuses distinctions dont, parmi les plus célèbres, la médaille d'or du Royal Institute of British Architects (2001) et le prix Pritzker (2008).

Jean Nouvel est connu pour avoir imposé son propre langage architectural. Son approche est guidée par les spécificités du contexte, du programme et du site. Ses constructions, aussi différentes soient-elles, partagent une même transparence et un jeu d'ombre et de lumière. Parmi ses plus récents projets et réalisations, on compte : le Louvre à Abou Dhabi ; Les Halles à Paris, un projet de réorganisation en plein cœur de la capitale ; la Concert House Danish Radio, à Copenhague, un parallélépipède bleu mystérieux, changeant selon les lumières de la nuit et du jour ; la tour Agbar, nouvelle icône contemporaine de la ville de Barcelone, le musée du Quai Branly, un espace d'exposition composé de quatre bâtiments ayant chacun leur propre style, ou encore l'Institut du Monde Arabe (1989). Parallèlement, l'agence Jean Nouvel Design développe des projets très divers : scénographie d'expositions, construction de maisons ou design.

Quartier des Halles
Paris, France / 2004 / © akn/Jean Nouvel/artefactory

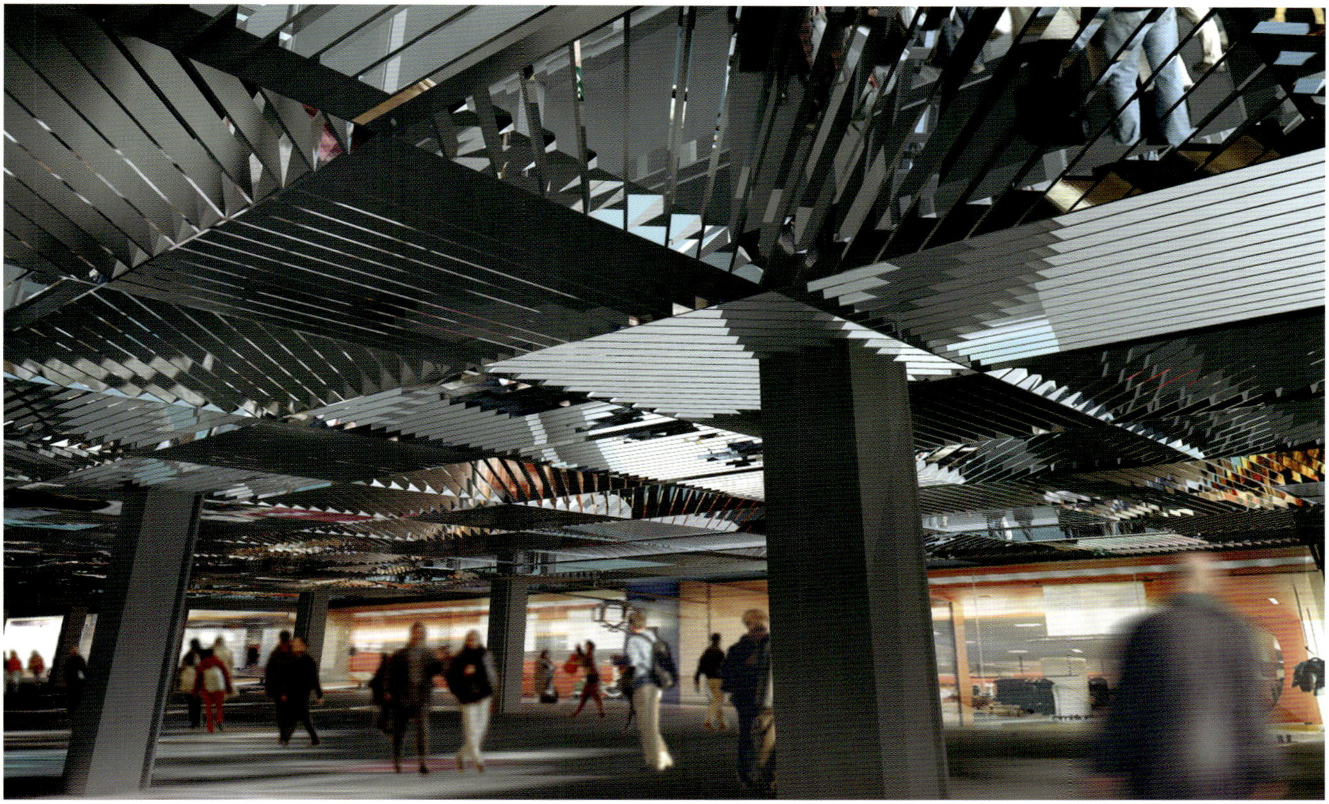

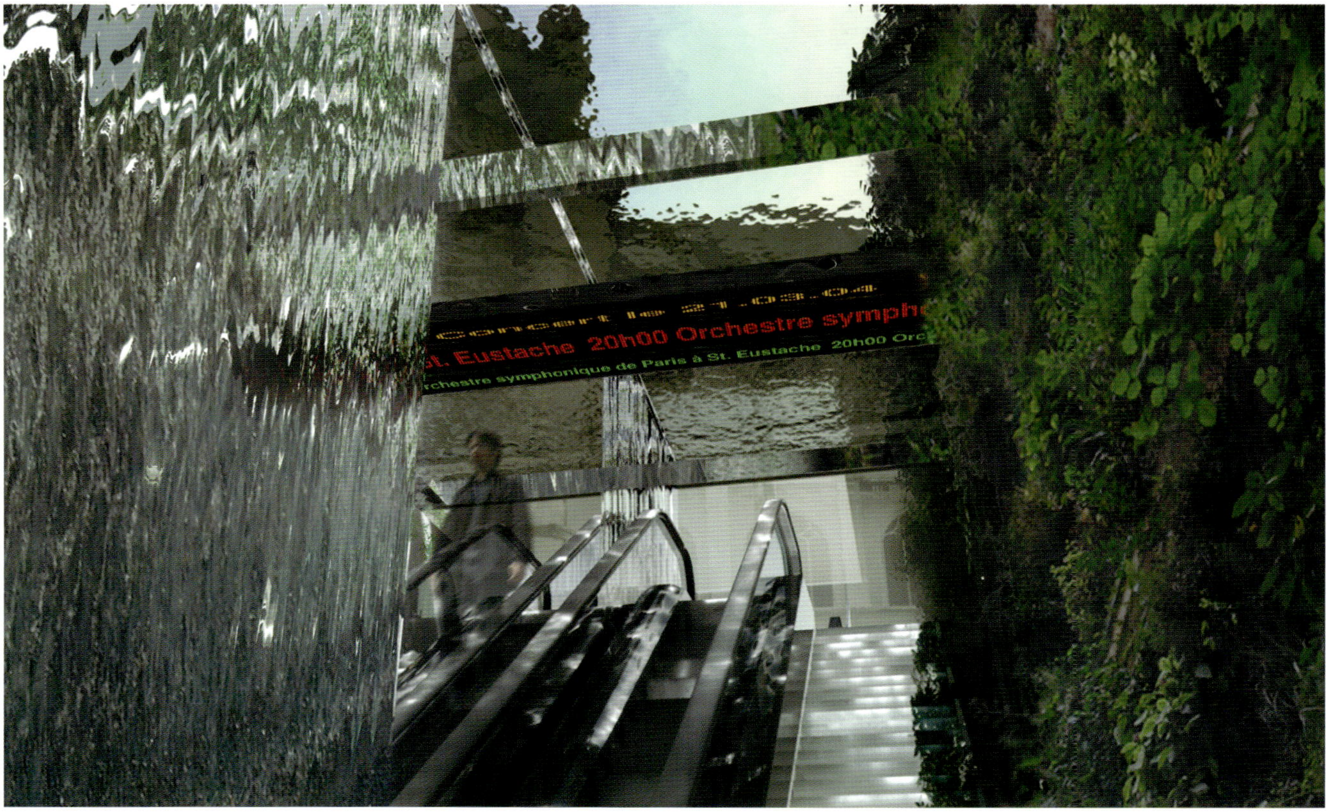
Concert le 21.03.04
Eustache 20h00 Orchestre
symphonique de Paris à St. Eustache 20h00

Tour Agbar
Barcelone, Espagne / 2004 / © Òscar García

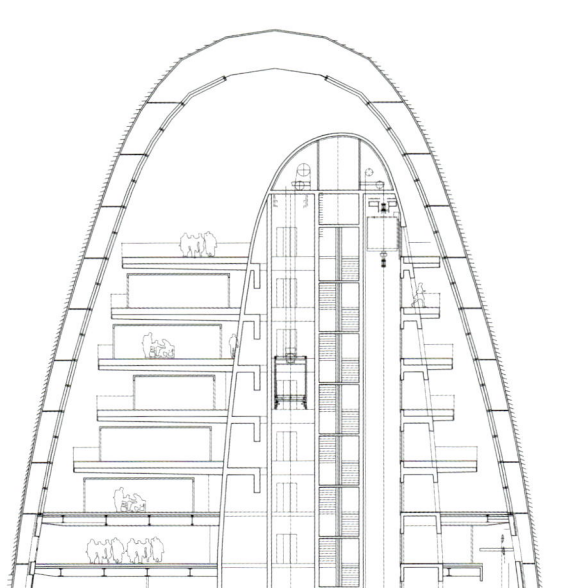

Coupe du bâtiment

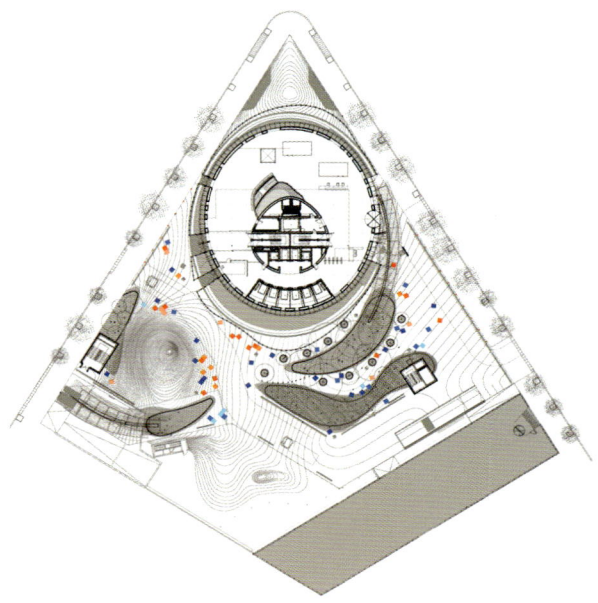

Plan du site

Musée du quai Branly
Paris, France / 2006 / © Pep Escoda

Élévation Plan du site

ATELIER CHRISTIAN DE PORTZAMPARC
Casablanca, Maroc, 1944

www.chdeportzamparc.com

© Atelier Christian de Portzamparc

Christian de Portzamparc se passionne d'abord pour la peinture avant de s'intéresser à l'architecture grâce aux dessins de Le Corbusier. Toutefois, il s'éloigne rapidement des théories de ce dernier, partant du principe que l'on ne peut faire table rase du passé, en tout cas pas dans une ville comme Paris. En 1969, il sort diplômé de l'École nationale supérieure des beaux-arts de Paris. Il collabore par la suite avec un groupe de psychosociologues mené par Jacqueline Palmade, notamment sur le quotidien d'habitants des cités nouvelles. Il en retire que l'architecture doit assumer une responsabilité sociale. En 1970, il ouvre sa propre agence, qui compte aujourd'hui une cinquantaine de collaborateurs. Il reçoit le prix Pritzker en 1994. Il est le premier titulaire de la chaire de création artistique au Collège de France.

Son architecture se veut la réunion du fonctionnel et de la création d'un espace agréable et harmonieux au milieu d'un contexte urbain. Créateur d'immenses gratte-ciel à New York, Tokyo et Lille, d'ambassades et d'hôtels, il se distingue aujourd'hui par ses créations parisiennes, tel le siège du journal *Le Monde,* pour lequel il a transformé un bâtiment des années 1960 ; la tour Granite du quartier de La Défense aux niveaux triangulaires ou encore l'Altarea Wagram, un hôtel dont la façade en volumes est en verre ondulé transparent. Parmi ses réalisations majeures figurent : la Philharmonie de Luxembourg (2005) ; l'ambassade de France à Berlin (2003) ; la tour LVMH à New York (1999) ; la Cité de la musique à Paris (1995) ; l'école de danse de l'Opéra de Paris, à Nanterre (1987).

Siège du journal "Le Monde"

Paris, France / 2001-2004 / © Atelier Christian de Portzamparc, Kamel Khalfi, Nicolas Borel

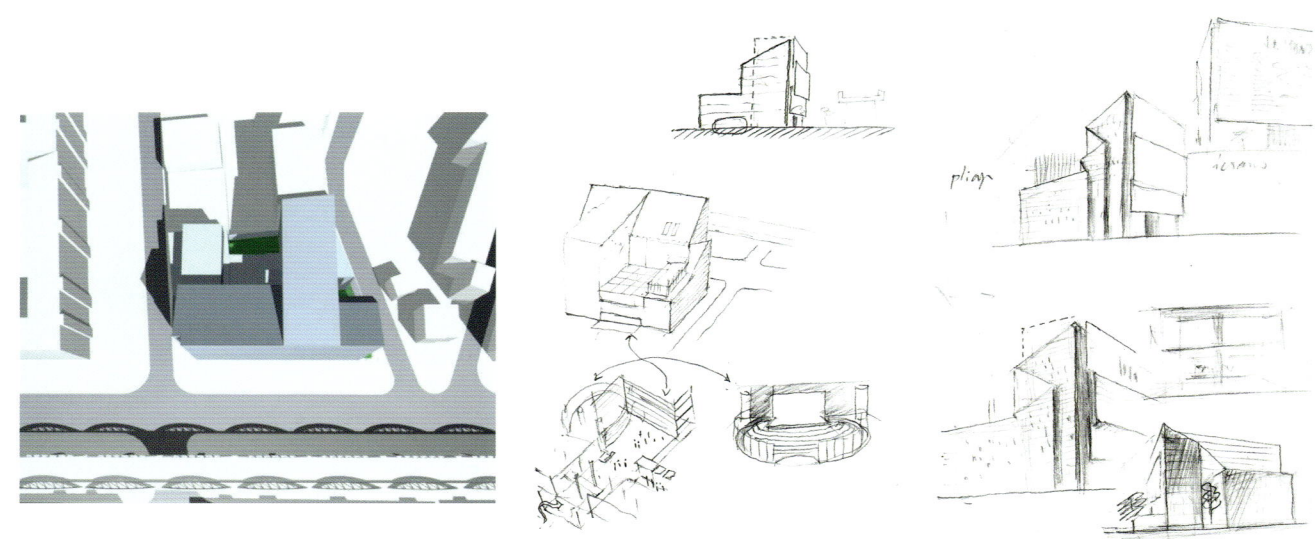

Modélisation 3D   Croquis

Tour Granite

Paris, France / 2001-2008 / © Atelier Christian de Portzamparc

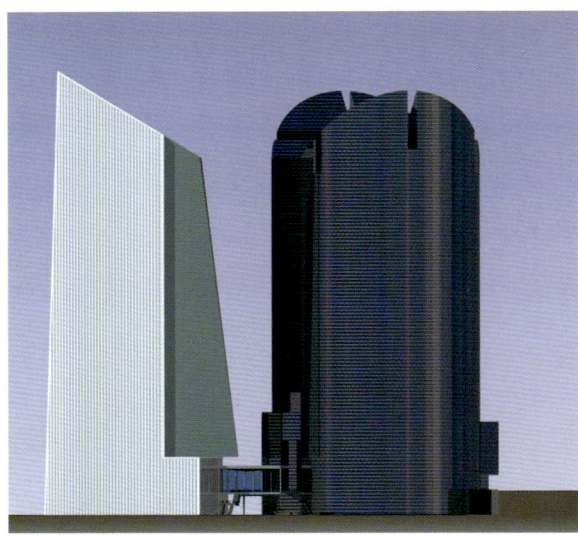

Modélisation 3D

Hôtel Renaissance Paris Arc de Triomphe
Paris, France / 2003-2009 / © Atelier Christian de Portzamparc

Maquette

LANDSKAP DESIGN
Bergen, Norvège, 1951

www.landskapdesign.no

© Arne Sælen

Arne Sælen obtient un diplôme en Sciences Sociales des universités de Bergen et Oslo en 1976 et un master en paysagisme à l'Université des Sciences de la Vie d'Oslo en 1997. Il enseigne depuis 2004 dans cette dernière université, ainsi qu'à l'Université de Sciences et Technologies de Norvège. Il est le lauréat de plusieurs concours internationaux de paysagisme, et a reçu en 1999 le prix Marble Architectural. Il est également l'auteur de plusieurs ouvrages sur le sujet.

Selon ses propres mots, « mes œuvres ont toujours été inspirées par la nature : par les montagnes, les forêts et les océans ». Il s'intéresse aux modèles physiques et à l'existence immatérielle. L'évolution des zones urbaines de Paris et Barcelone dans les années 1980 fut fondamentale pour lui permettre de développer ses propres priorités en matière d'architecture. Plus récemment, il a accordé une grande attention au travail avec la pierre. Ces caractéristiques sont manifestes dans la Festplassen de Bergen, avec sa place en granit gris face au lac, et le Vejle Music Theatre, pont de granit avec des escaliers et un petit réservoir d'eau. Son travail s'étend également au mobilier urbain : bancs, poubelles, grilles d'évacuation et de protection pour les arbres, attaches pour bicyclettes...

Festplassen, Bergen
Bergen, Norvège / 2003 / © Arne Sælen

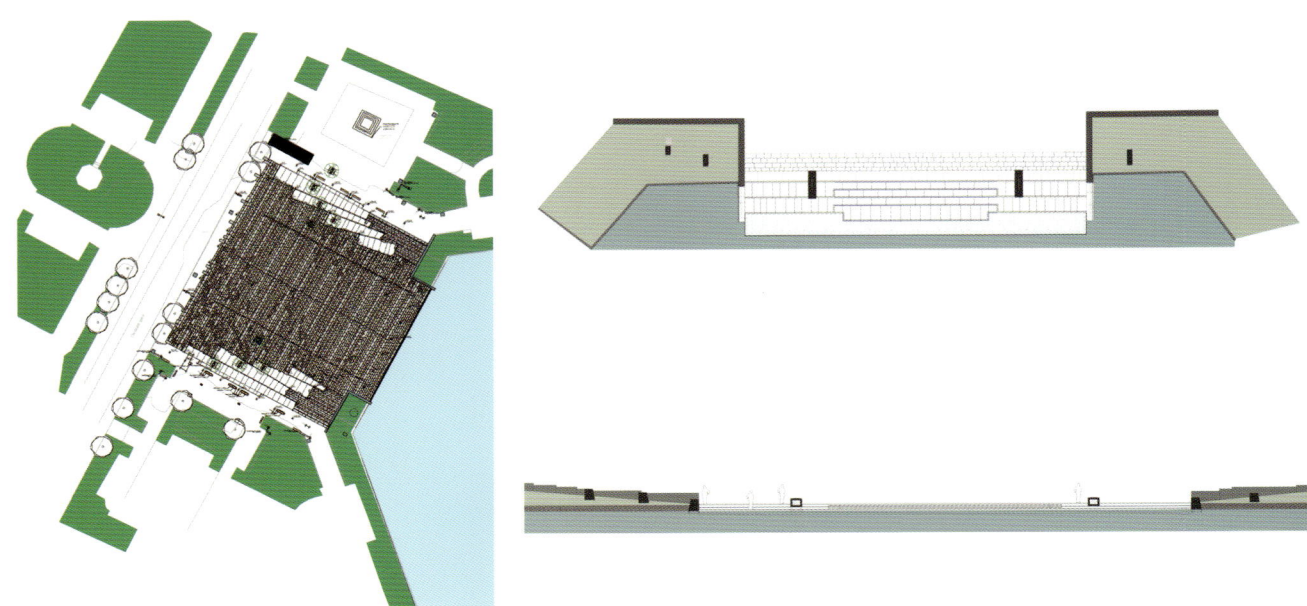

Plan du site   Coupes

Musikteater, Vejle
Vejle, Danemark / 2008-2009 / © Arne Sælen

Plan du site

WEST 8
URBAN DESIGN & LANDSCAPE ARCHITECTURE
Adriaan Geuze
Dordrecht, Pays-Bas, 1960

www.west8.nl

© West 8

En 1987, le néerlandais Adriaan Geuze, titulaire d'un master en architecture du paysage à l'université de Wageningen, fonde le bureau West 8 à Rotterdam. Vingt ans plus tard, cette entreprise spécialisée en urbanisme et en architecture du paysage réunit une équipe polyvalente de 75 personnes, comprenant des architectes, des urbanistes, des paysagistes et des ingénieurs. Elle possède des bureaux à Opwijk (Belgique), Toronto et New York, et a également réalisé des chantiers en Suisse, en Espagne, en Russie, en Égypte, en Grande-Bretagne, etc.

West 8 a une large expérience de la planification urbaine à grande échelle et de la conception de plans. Ce bureau d'études réalise des projets paysagers pour les parcs, places, jardins et fronts de mer. West 8 développe aussi une approche particulière, prenant en compte les interactions urbanisation / infrastructure / réchauffement climatique. On peut citer à titre d'exemple de leur savoir-faire le Kanaaleiland, reconversion en espace public d'une friche industrielle ; le Toronto Central Waterfront, avec ses passerelles de bois ondulantes ; le Twist, un pont qui relie des zones urbaines ; la Governors Island, à New York, un projet d'aménagement pour les loisirs ; le réaménagement de l'ancien quartier des docks Borneo-Sporenbourg à Amsterdam en une zone d'habitations ; le Chiswick Park, un jardin public au centre de Londres ; ou encore le Leidsche Rijn Park, dessiné pour un concours. West 8 a également remporté le concours pour le projet urbain du quartier éco-fluvial de l'Île-Saint-Denis, en région parisienne.

Kanaaleiland

Bruges, Belgique / 2002 / © West 8

Plan du site

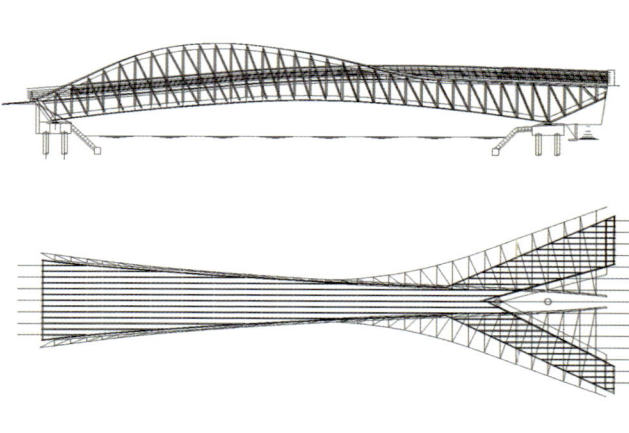

Élevation et section du pont piétonnier

The Twist

Vlaardingen, Pays-Bas / 2005 / © West 8

Plan rapproché du pont

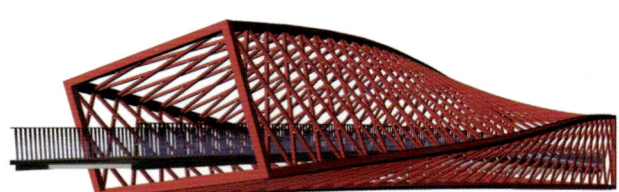

Perspective globale du pont

Chiswick Park

Londres, Royaume-Uni / 2000-2009 / © West 8

Modélisation 3D

Plan du site

Parc de Leidsche Rijn

Utrecht, Pays-Bas / 2005-2012 / © West 8

Plan du site

NIP PAYSAGE ARCHITECTES PAYSAGISTES
Montréal, Canada, 2001

www.nippaysage.ca
© NIPpaysage

Fondé en 2001 par quatre diplômés de l'Université de Montréal, ce cabinet canadien réunit aujourd'hui Mathieu Casavant, Josée Labelle, Michel Langevin, Mélanie Mignault, Claude Cournoyer et Georges-Étienne Parent. Les membres-fondateurs ont commencé à travailler dans le Massachusetts, près de l'école d'architecture de paysage de Harvard, haut lieu de créativité et d'émulation. C'est aujourd'hui l'un des bureaux d'études les plus prestigieux de la nouvelle vague du paysagisme, dont le travail a déjà été récompensé par une douzaine de prix et fait l'objet de nombreuses publications. NIP Paysage s'intéresse tout particulièrement aux espaces publics, en mutation perpétuelle, susceptibles de révéler un déséquilibre du milieu ou un manque d'identité. Leur caractéristique ? Une grande inventivité et un large usage de la couleur.

Leurs créations se caractérisent par leur expressivité, leur côté ludique et coloré. Elles associent les aspects conceptuels et fonctionnels pour former des compositions dans l'espace. Leur travail commence avec la planification et le dessin de projets, allant de petits jardins à de vastes parcs paysagers. NIP Paysage se fait remarquer au Festival international des jardins contemporains de Chaumont-sur-Loire, dès 1998. Ils ont beaucoup travaillé à Montréal mais leurs créations s'internationalisent (Italie, Pays-Bas, France). À titre d'exemple, citons la Flore Laurentienne, à Padula (Italie), dans un cloître ; l'Impluvium, un tableau sur une toiture ; le Green Shift, un jardin avec un espace pour tout-petits ; la Cour Bleue, réinvention d'une cour d'école ou encore la Danse en Ligne, la transformation d'une cour intérieure entre deux immeubles.

FLORE LAURENTIENNE
Padula, Italie / 2003 / © NIPpaysage

Vue en perspective de l'installation

Évolution des sphères

Impluvium

Immeuble Belgo, Montréal, Canada **/** 2004 **/** © NIPpaysage

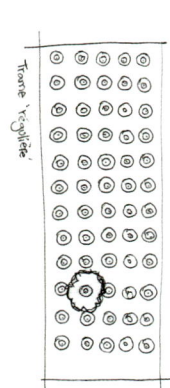
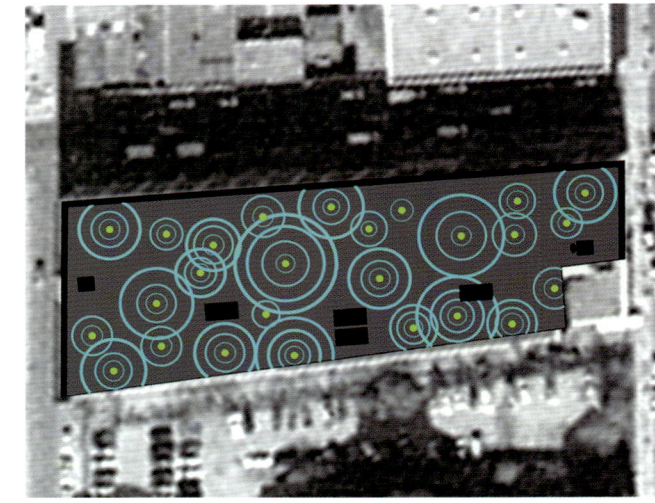

Croquis préliminaires					Plan du toit

Virage vert

Montréal, Canada / 2007 / © NIPpaysage

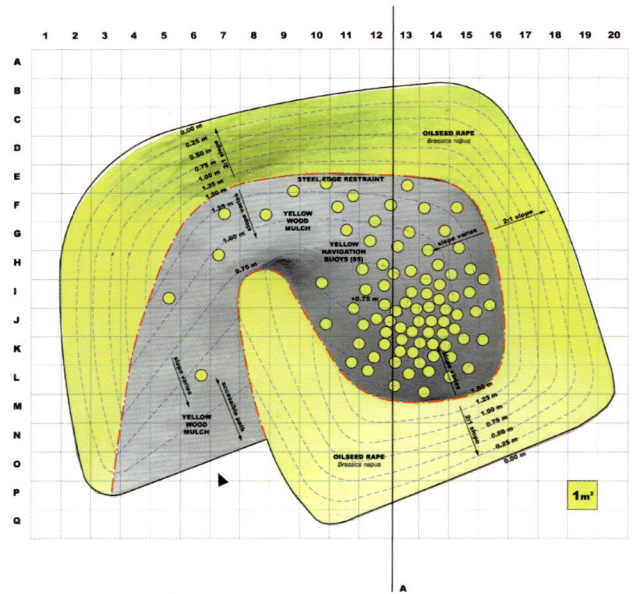 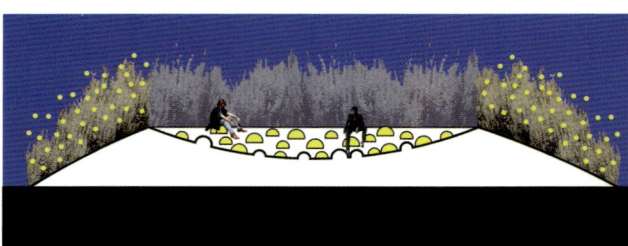

Plan avec dénivelés   Vue en coupe

Cour bleue

Montréal, Canada / 2007 / © NIPpaysage

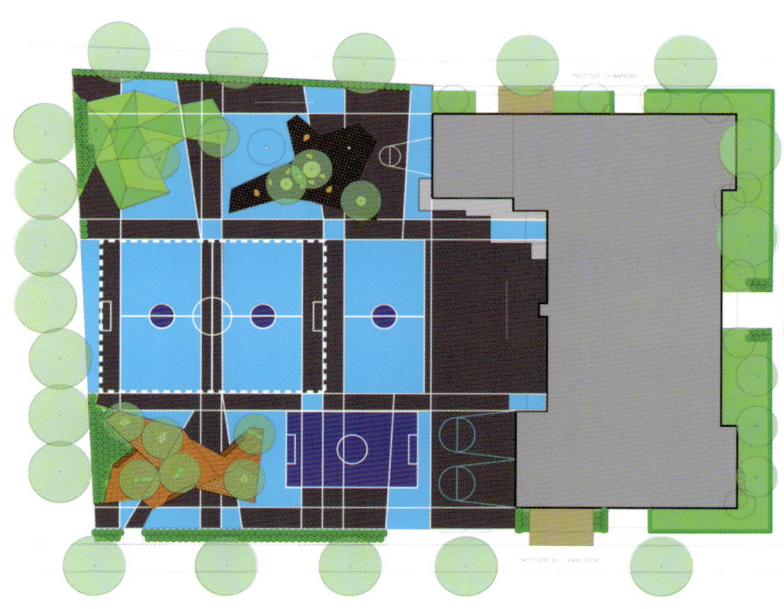

Plan du site

Danse en Ligne
Montréal, Canada / 2007 / © NIPpaysage

Plan du site

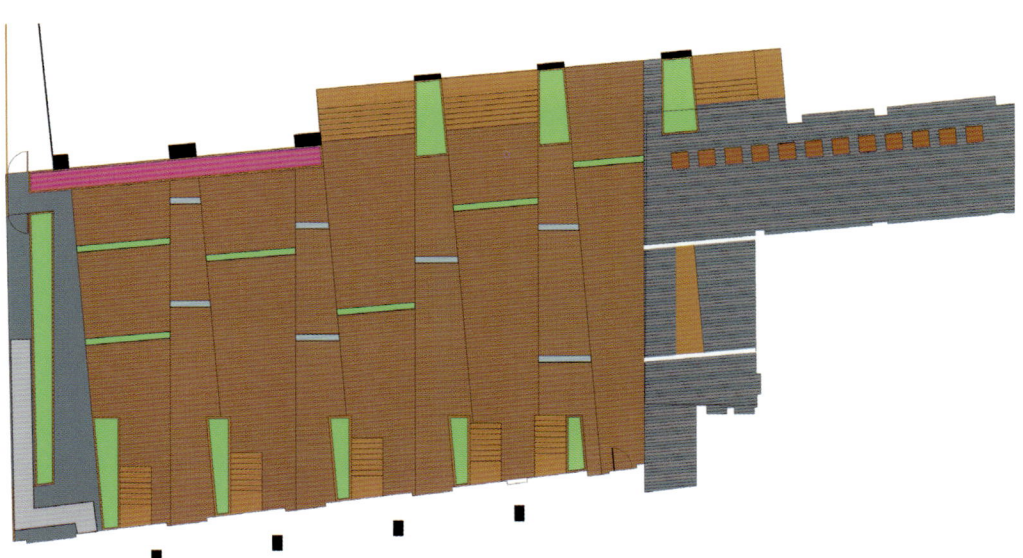

THORBJÖRN ANDERSSON/SWECO
Kristianstad, Suède, 1954

www.swecogroup.com
© Sweco Group

Thorbjörn Andersson est l'un des architectes paysagistes les plus en vue de Suède. Il a gagné plusieurs prix récompensant la conception et le dessin d'espaces paysagers dans son pays natal, ce qui lui a valu les attentions de la communauté internationale. Fondateur et éditeur de la revue *Utblick Landskap,* il est aussi auteur ou co-auteur de plusieurs ouvrages consacrés à l'architecture des paysages. Il enseigne l'architecture paysagère à l'université suédoise de sciences agricoles, à Uppsala, et a souvent été invité dans des universités étrangères.

Ce paysagiste est un pionnier dans l'historiographie de l'architecture du paysage. Son architecture se présente comme une activité intellectuelle visant à évaluer un projet en fonction de l'idée présidant à son élaboration, de son organisation et de son dessin. La rénovation/transformation de l'ancien quartier industriel d'Holmens Bruk, avec son campus universitaire, ses salles de concerts, ses restaurants et le Sandgrund Park, qui borde une rive du Klar, sont au nombre de ses réalisations marquantes. Le Dania Park, à Malmö, sur la côte suédoise, lui a valu de représenter la Suède à la Biennale d'Architecture de Venise en 2000.

Rénovation du quartier industriel d'Holmens Bruk

Norrköping, Suède / 2000 / © Sweco Group

Croquis colorié

Dania Park

Malmö, Suède / 2002 / © Sweco Group

Croquis d'un détail   Croquis préliminaires

SANDGRUND PARK
Karlstad, Suède / 2009 / © Sweco Group

Plan du site

Croquis d'un détail

PAOLO L. BÜRGI
Muralto, Suisse, 1947

www.burgi.ch
© Paolo L. Bürgi

En 1977, Paolo L. Bürgi ouvre son agence à Camorino (Suisse), après avoir obtenu un diplôme en architecture paysagère et en planification décerné par l'École d'ingénieurs de Rapperswil. Il est depuis 1997 maître de conférences à l'Université de Pennsylvanie et intervient à l'Institut Universitaire d'Architecture de Venise. Au fil des ans, Bürgi a participé à de nombreux concours nationaux et internationaux et remporté plusieurs prix. Son travail a également fait l'objet de plusieurs monographies.

L'œuvre de l'architecte Luis Barragán a eu un retentissement considérable sur son activité créatrice. Ses projets abordent surtout le dessin d'espaces ouverts, publics comme privés. Au-delà des frontières physiques d'un lieu, il tient à prendre en compte son histoire topographique et culturelle. Il est connu pour ses travaux délicats, voire minimalistes. Son activité s'étend également au mobilier présent dans les lieux qu'il transforme : bancs, fontaines, lampes, tables ou escaliers… On trouve parmi ses réalisations récentes le Sentier de bambou, un étroit chemin traversant une bambouseraie près de Turin ; une place sculpturale en dalles de granit, un sentier ludique au cœur de la forêt, aboutissant à une passerelle panoramique suspendue dans le vide, entre Cardada et Cimetta, au-dessus du lac Majeur ; et le Hafenplatz, l'embarcadère de Kreuzlingen, face au lac.

LE SENTIER DE BAMBOU
Lac Majeur, Suisse / 1999 / © Paolo L. Bürgi

Croquis préliminaires

La Passerelle panoramique
Cimetta, Suisse / 2000 / © Giosanna Crivelli, Paolo L. Bürgi

Croquis

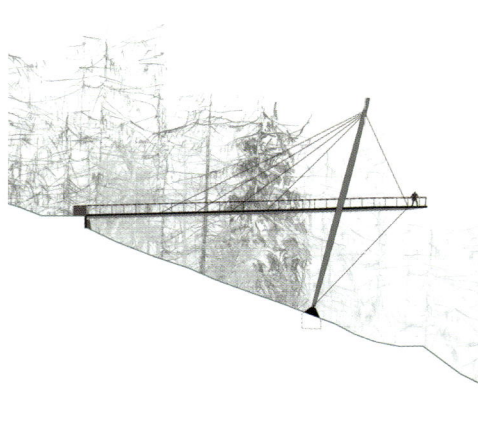
Élévation

Hafenplatz

Kreuzlingen, Suisse / 2003 / © Giosanna Crivelli, Paolo L. Bürgi, D. Florentine Schmidt

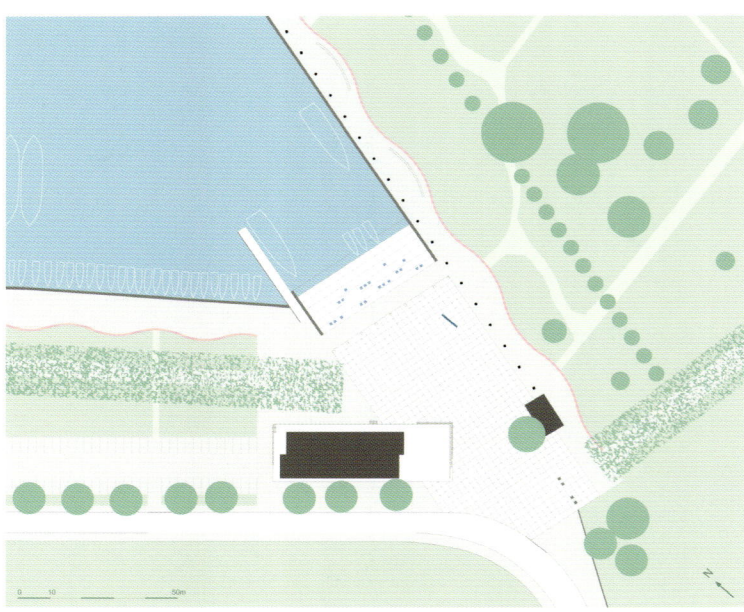

Plan du site